4

민수기상

나는 여호와 너희 하나님이라
나는 너희의 하나님이 되려고
너희를 애굽 땅에서 인도해 내었느니라
나는 여호와 너희의 하나님이니라

민수기 15:41

우슬북

구약성경 통독표

순번	성경 목록	장	절	평균통독 시간/분	순번	성경 목록	장	절	평균통독 시간/분
1	창세기	50	1,533	203	21	전도서	12	222	31
2	출애굽기	40	1,213	162	22	아가	8	117	16
3	레위기	27	859	115	23	이사야	66	1,292	206
4	민수기	36	1,287	165	24	예레미야	52	1,364	300
5	신명기	34	959	147	25	예레미야애가	5	154	20
6	여호수아	24	658	99	26	에스겔	48	1,273	201
7	사사기	21	618	103	27	다니엘	12	357	62
8	룻기	4	85	14	28	호세아	14	197	30
9	사무엘상	31	810	136	29	요엘	3	73	11
10	사무엘하	24	695	113	30	아모스	9	146	23
11	열왕기상	22	816	128	31	오바댜	1	21	4
12	열왕기하	25	719	121	32	요나	4	48	7
13	역대상	29	942	119	33	미가	7	105	17
14	역대하	36	822	138	34	나훔	3	47	8
15	에스라	10	280	42	35	하박국	3	56	9
16	느헤미야	13	406	61	36	스바냐	3	53	9
17	에스더	10	167	29	37	학개	2	38	6
18	욥기	42	1,070	115	38	스가랴	14	211	33
19	시편	150	2,461	275	39	말라기	4	55	11
20	잠언	31	915	92		합 계	929	23,144	3,381

신약성경 통독표

순번	성경 목록	장	절	평균통독 시간/분	순번	성경 목록	장	절	평균통독 시간/분
1	마태복음	28	1,071	130	15	디모데전서	6	113	14
2	마가복음	16	678	81	16	디모데후서	4	83	11
3	누가복음	24	1,151	138	17	디도서	3	46	6
4	요한복음	21	879	110	18	빌레몬서	1	25	2
5	사도행전	28	1,007	127	19	히브리서	13	303	41
6	로마서	16	433	58	20	야고보서	5	108	14
7	고린도전서	16	437	57	21	베드로전서	5	105	15
8	고린도후서	13	256	37	22	베드로후서	3	61	9
9	갈라디아서	6	149	19	23	요한1서	5	105	15
10	에베소서	6	155	18	24	요한2서	1	13	2
11	빌립보서	4	104	14	25	요한3서	1	15	2
12	골로새서	4	95	12	26	유다서	1	25	4
13	데살로니가전서	5	89	12	27	요한계시록	22	404	61
14	데살로니가후서	3	47	6		합 계	260	7,957	1,015

구약성경	39권	23,144절	1,006,953문자	352,319단어	평균 통독시간	56시간
신약성경	27권	7,957절	315,579문자	110,237단어	평균 통독시간	17시간

우리는 성경을 읽지만, 세상은 우리를 읽습니다!

성경은 세상의 모든 책을 담을 수 있는 가장 큰 그릇입니다.
성경 필사는 단순히 베끼어 쓰는 게 아니라, 눈으로 말씀을 읽고 손으로 쓰면서 머리로 생각하는 작업입니다.
눈과 손, 머리를 동시에 동원하므로 성경 필사는 오래전부터 그 효과가 입증된 글쓰기 훈련법입니다.
세계적으로 저명한 사람들은 필사의 경험 없는 사람이 없습니다.

손과 종이 위에 연필 끝이 만나는 순간 미묘한 시간차가 발생합니다. 필사가 제공하는 틈 그 순간에 머리는
가만히 있지 않습니다. 단어와 문장을 거슬러 올라가고 맥락을 헤아리고 성경 말씀을 되새김질 합니다.
또한 눈으로 읽을 때는 미처 보지 못한 내용을 필사 과정에서 발견하고 깨달을 수 있습니다.

성경 필사는 하나님 말씀이 생명력 있게 살아나게 하는 작업입니다. 하나님 말씀이 우리의 마음에 가득할 때,
하나님은 우리의 소원과 기도 제목을 들으시고 이루어 주실 것입니다. 성경의 진리를 오직 말씀과 성령의
조명으로 해석하여 교리를 세우고 모든 삶의 기준과 원칙으로 적용한 청교도처럼, 예수를
가장 잘 믿으며 가장 순수한 신앙으로 살아가는 "크리스천"이 되기를 소망합니다.

엮은이 김영기

우슬북 성경 쓰기 시리즈 특징 ····

필사와 통독의 기쁨을 함께~!

볼펜, 만년필로 성경 쓰기 편한 고급 재질의 종이 사용

[우슬북 구약성경 쓰기 시리즈 ❹ 민수기상] 은 유성볼펜이나 만년필 사용에 적합하도록 도톰하고 고급스런 광택이 나는 재질의 종이를 사용하였습니다.

성경 쓰기 편하도록 페이지가 180도 펼쳐지는 고급 제본

[우슬북 구약성경 쓰기 시리즈 ❹ 민수기상] 은 책을 펼친 중간 부분이 걸리지 않도록 페이지가 완전히 펼쳐지는 180도 고급 제본을 사용하였습니다.

10여 년의 경험으로 성경 읽고 쓰기 편안한 글씨체 사용

[우슬북 구약성경 쓰기 시리즈 ❹ 민수기상] 은 통독을 겸한 필사가 가능하도록 읽고 쓰면서 스트레스 받지 않는 글씨체를 10여 년의 실패와 경험으로 선정, 사용하였습니다.

따라쓸 수 있는 한자 병기로 말씀 묵상의 극대화

[우슬북 구약성경 쓰기 시리즈 ❹ 민수기상] 은 긍정적이고 따라쓰기 쉬운 한자(漢字)를 병기(倂記)하여 깊은 묵상을 극대화하였습니다.

싸움에 나갈 만한 자를 계수하다

1

¹ 이스라엘 자손이 애굽 땅에서 나온 후
둘째 해 둘째 달 첫째 날에

여호와께서 시내 광야 회막에서 모세에게 말씀하여 이르시되

² 너희는 이스라엘 자손의 모든 회중 각 남자의 수를
그들의 종족과 조상의 가문에 따라 그 명수대로 계수할지니

³ 이스라엘 중 이십 세 이상으로 싸움에 나갈 만한
모든 자를 너와 아론은 그 진영별로 계수하되

⁴ 각 지파의 각 조상의 가문의 우두머리 한 사람씩을
너희와 함께 하게 하라

⁵ 너희와 함께 설 사람들의 이름은 이러하니
르우벤 지파에서는 스데울의 아들 엘리술이요

⁶ 시므온 지파에서는 수리삿대의 아들 슬루미엘이요

⁷ 유다 지파에서는 암미나답의 아들 나손이요

⁸ 잇사갈 지파에서는 수알의 아들 느다넬이요

⁹ 스불론 지파에서는 헬론의 아들 엘리압이요

¹⁰ 요셉의 자손들 중 에브라임 지파에서는 암미훗의 아들 엘리사마요 므낫세 지파에서는 브다술의 아들 가말리엘이요

¹¹ 베냐민 지파에서는 기드오니의 아들 아비단이요

¹² 단 지파에서는 암미삿대의 아들 아히에셀이요

¹³ 아셀 지파에서는 오그란의 아들 바기엘이요

¹⁴ 갓 지파에서는 드우엘의 아들 엘리아삽이요

¹⁵ 납달리 지파에서는 에난의 아들 아히라이니라 하시니

¹⁶ 그들은 회중에서 부름을 받은 자요 그 조상 지파의 지휘관으로서 이스라엘 종족들의 우두머리라

¹⁷모세와 아론이 지명된 이 사람들을 데리고

¹⁸둘째 달 첫째 날에 온 회중을 모으니
그들이 각 종족과 조상의 가문에 따라 이십 세 이상인
남자의 이름을 자기 계통별(系統別)로 신고하매

¹⁹여호와께서 모세에게 명령하신 대로
그가 시내 광야에서 그들을 계수(計數)하였더라

²⁰이스라엘의 장자 르우벤의 아들들에게서 난 자를
그들의 종족과 조상의 가문에 따라

이십 세 이상으로 싸움에 나갈 만한 각 남자를
그 명수대로 다 계수하니

²¹르우벤 지파에서 계수된 자는 사만 육천오백 명이었더라

²²시므온의 아들들에게서 난 자를 그들의 종족과

조상의 가문에 따라 이십 세 이상으로 싸움에 나갈 만한
각 남자를 그 명수대로 다 계수하니

23 시므온 지파에서 계수된 자는 오만 구천삼백 명이었더라

24 갓의 아들들에게서 난 자를 그들의 종족과
조상의 가문에 따라 이십 세 이상으로
싸움에 나갈 만한 자를 그 명수대로 다 계수하니

25 갓 지파에서 계수된 자는 사만 오천육백오십 명이었더라

26 유다의 아들들에게서 난 자를 그들의 종족과
조상의 가문에 따라 이십 세 이상으로
싸움에 나갈 만한 자를 그 명수대로 다 계수하니

27 유다 지파에서 계수된 자는 칠만 사천육백 명이었더라

28 잇사갈의 아들들에게서 난 자를 그들의 종족과

조상의 가문에 따라 이십 세 이상으로
싸움에 나갈 만한 자를 그 명수대로 다 계수하니

29 잇사갈 지파에서 계수된 자는 오만 사천사백 명이었더라

30 스불론의 아들들에게서 난 자를 그들의 종족과
조상의 가문에 따라 이십 세 이상으로
싸움에 나갈 만한 자를 그 명수대로 다 계수하니

31 스불론 지파에서 계수된 자는 오만 칠천사백 명이었더라

32 요셉의 아들 에브라임의 아들들에게서 난 자를
그들의 종족과 조상의 가문에 따라 이십 세 이상으로
싸움에 나갈 만한 자를 그 명수대로 다 계수하니

33 에브라임 지파에서 계수된 자는 사만 오백 명이었더라

34 므낫세의 아들들에게서 난 자를 그들의 종족과

조상의 가문에 따라 이십 세 이상으로
싸움에 나갈 만한 자를 그 명수대로 다 계수하니

[35] 므낫세 지파에서 계수된 자는 삼만 이천이백 명이었더라

[36] 베냐민의 아들들에게서 난 자를 그들의 종족과
조상의 가문에 따라 이십 세 이상으로
싸움에 나갈 만한 자를 그 명수대로 다 계수하니

[37] 베냐민 지파에서 계수된 자는 삼만 오천사백 명이었더라

[38] 단의 아들들에게서 난 자를 그들의 종족과
조상의 가문에 따라 이십 세 이상으로
싸움에 나갈 만한 자를 그 명수대로 다 계수하니

[39] 단 지파에서 계수된 자는 육만 이천칠백 명이었더라

[40] 아셀의 아들들에게서 난 자를 그들의 종족과

조상의 가문에 따라 이십 세 이상으로
싸움에 나갈 만한 자를 그 명수대로 다 계수하니

⁴¹아셀 지파에서 계수된 자는 사만 천오백 명이었더라

⁴²납달리의 아들들에게서 난 자를 그들의 종족과
조상의 가문에 따라 이십 세 이상으로
싸움에 나갈 만한 자를 그 명수대로 다 계수하니

⁴³납달리 지파에서 계수된 자는 오만 삼천사백 명이었더라

⁴⁴이 계수함을 받은 자는 모세와 아론과 각기 이스라엘
조상의 가문을 대표한 열두 지휘관이 계수하였더라

⁴⁵이같이 이스라엘 자손이 그 조상의 가문을 따라
이십 세 이상으로 싸움에 나갈 만한
이스라엘 자손이 다 계수되었으니

⁴⁶계수된 자의 총계는 육십만 삼천오백오십 명이었더라

레위 지파는 계수하지 말라

⁴⁷그러나 레위인은 그들의 조상의 지파대로
그 계수에 들지 아니하였으니

⁴⁸이는 여호와께서 모세에게 말씀하여 이르시되

⁴⁹너는 레위 지파만은 계수하지 말며
그들을 이스라엘 자손 계수 중에 넣지 말고

⁵⁰그들에게 증거의 성막과 그 모든 기구와 그 모든 부속품을
관리하게 하라 그들은 그 성막과 그 모든 기구를 운반하며
거기서 봉사하며 성막 주위에 진을 칠지며

⁵¹성막을 운반할 때에는 레위인이 그것을 걷고
성막을 세울 때에는 레위인이 그것을 세울 것이요

외인이 가까이 오면 죽일지며

⁵²이스라엘 자손은 막사를 치되 그 진영별로
각각 그 진영과 군기 곁에 칠 것이나

⁵³레위인은 증거의 성막 사방에 진을 쳐서
이스라엘 자손의 회중에게 진노가 임하지 않게 할 것이라

레위인은 증거의 성막에 대한 책임을 지킬지니라 하셨음이라

⁵⁴이스라엘 자손이 그대로 행하되
여호와께서 모세에게 명령하신 대로 행하였더라

진 편성 및 행군 순서

2 ¹ 여호와께서 모세와 아론에게 말씀하여 이르시되

²이스라엘 자손은 각각 자기의 진영의 군기와 자기의 조상의
가문의 기호 곁에 진을 치되 회막을 향하여 사방으로 치라

3 동방 해 돋는 쪽에 진 칠 자는 그 진영별로
유다의 진영의 군기에 속한 자라 유다 자손의 지휘관은
암미나답의 아들 나손이요

4 그의 군대로 계수된 자가 칠만 사천육백 명이며

5 그 곁에 진 칠 자는 잇사갈 지파라
잇사갈 자손의 지휘관은 수알의 아들 느다넬이요

6 그의 군대로 계수된 자가 오만 사천사백 명이라

7 그리고 스불론 지파라 스불론 자손의 지휘관은
헬론의 아들 엘리압이요

8 그의 군대로 계수된 자가 오만 칠천사백 명이니

9 유다 진영에 속한 군대로 계수된 군인의 총계는
십팔만 육천사백 명이라 그들은 제일대로 행진할지니라

¹⁰남쪽에는 르우벤 군대 진영의 군기가 있을 것이라
르우벤 자손의 지휘관은 스데울의 아들 엘리술이요

¹¹그의 군대로 계수된 자가 사만 육천오백 명이며

¹²그 곁에 진 칠 자는 시므온 지파라
시므온 자손의 지휘관은 수리삿대의 아들 슬루미엘이요

¹³그의 군대로 계수된 자가 오만 구천삼백 명이며

¹⁴또 갓 지파라 갓 자손의 지휘관은
르우엘의 아들 엘리아삽이요

¹⁵그의 군대로 계수된 자가 사만 오천육백오십 명이니

¹⁶르우벤 진영에 속하여 계수된 군인의 총계(總計)는
십오만 천사백오십 명이라

그들은 제이대로 행진(行進)할지니라

17그 다음에 회막이 레위인의 진영과 함께 모든 진영의
중앙에 있어 행진하되 그들의 진 친 순서대로

각 사람은 자기의 위치에서 자기들의 기를 따라
앞으로 행진할지니라

18서쪽에는 에브라임의 군대의 진영의 군기가 있을 것이라
에브라임 자손의 지휘관은 암미훗의 아들 엘리사마요

19그의 군대로 계수된 자가 사만 오백 명이며

20그 곁에는 므낫세 지파가 있을 것이라
므낫세 자손의 지휘관은 브다술의 아들 가말리엘이요

21그의 군대로 계수된 자가 삼만 이천이백 명이며

22또 베냐민 지파라 베냐민 자손의 지휘관은
기드오니의 아들 아비단이요

²³그의 군대로 계수된 자가 삼만 오천사백 명이니

²⁴에브라임 진영에 속하여 계수된 군인의 총계는
십만 팔천백 명이라 그들은 제삼대로 행진할지니라

²⁵북쪽에는 단 군대 진영의 군기가 있을 것이라
단 자손의 지휘관은 암미삿대의 아들 아히에셀이요

²⁶그의 군대로 계수된 자가 육만 이천칠백 명이며

²⁷그 곁에 진 칠 자는 아셀 지파라
아셀 자손의 지휘관은 오그란의 아들 바기엘이요

²⁸그의 군대로 계수된 자가 사만 천오백 명이며

²⁹또 납달리 지파라 납달리 자손의 지휘관은
에난의 아들 아히라요

³⁰그의 군대로 계수된 자가 오만 삼천사백 명이니

³¹단의 진영에 속하여 계수함을 받은 군인의 총계는
십오만 칠천육백 명이라 그들은 기를 따라
후대로 행진할지니라 하시니라

³²이상은 이스라엘 자손이 그들의 조상의 가문을 따라
계수된 자니 모든 진영의 군인 곧 계수된 자의 총계는
육십만 삼천오백오십 명이며

³³레위인은 이스라엘 자손과 함께 계수되지 아니하였으니
여호와께서 모세에게 명령하심과 같았느니라

³⁴이스라엘 자손이 여호와께서 모세에게 명령하신 대로
다 준행하여 각기 종족과 조상의 가문에 따르며

자기들의 기(旗)를 따라
진 치기도 하며 행진하기도 하였더라

아론의 아들들

3 ¹ 여호와께서 시내 산에서 모세와 말씀하실 때에
아론과 모세가 낳은 자는 이러하니라

² 아론의 아들들의 이름은 이러하니 장자는 나답이요
다음은 아비후와 엘르아살과 이다말이니

³ 이는 아론의 아들들의 이름이며 그들은 기름 부음을 받고
거룩하게 구별되어 제사장 직분을 위임 받은 제사장들이라

⁴ 나답과 아비후는 시내 광야에서 여호와 앞에
다른 불을 드리다가 여호와 앞에서 죽어 자식이 없었으며

엘르아살과 이다말이 그의 아버지 아론 앞에서
제사장의 직분을 행하였더라

제사장을 돕는 레위 사람

5 여호와께서 또 모세에게 말씀하여 이르시되

6 레위 지파는 나아가 제사장 아론 앞에 서서
그에게 시종하게 하라

7 그들이 회막 앞에서 아론의 직무와
온 회중의 직무를 위하여 회막에서 시무하되

8 곧 회막의 모든 기구를 맡아 지키며
이스라엘 자손의 직무를 위하여 성막에서 시무할지니

9 너는 레위인을 아론과 그의 아들들에게 맡기라 그들은
이스라엘 자손 중에서 아론에게 온전히 맡겨진 자들이니라

10 너는 아론과 그의 아들들을 세워 제사장 직무를 행하게 하라
외인이 가까이 하면 죽임을 당할 것이니라

11 여호와께서 모세에게 말씀하여 이르시되

¹²보라 내가 이스라엘 자손 중에서 레위인을 택하여

이스라엘 자손 중에 태를 열어 태어난 모든 맏이를
대신하게 하였은즉 레위인은 내 것이라

¹³처음 태어난 자는 다 내 것임은 내가 애굽 땅에서 그 처음
태어난 자를 다 죽이던 날에 이스라엘의 처음 태어난 자는

사람이나 짐승을 다 거룩하게 구별하였음이니 그들은
내 것이 될 것임이니라 나는 여호와이니라

레위 자손 인구 조사

¹⁴여호와께서 시내 광야에서 모세에게 말씀하여 이르시되

¹⁵레위 자손을 그들의 조상의 가문과 종족을 따라 계수하되
일 개월 이상된 남자를 다 계수하라

¹⁶모세가 여호와의 말씀을 따라 그 명령하신 대로 계수하니라

¹⁷레위의 아들들의 이름은 이러하니 게르손과 고핫과 므라리요

¹⁸게르손의 아들들의 이름은 그들의 종족대로 이러하니
립니와 시므이요

¹⁹고핫의 아들들은 그들의 종족대로 이러하니
아므람과 이스할과 헤브론과 웃시엘이요

²⁰므라리의 아들들은 그들의 종족대로 말리와 무시이니
이는 그의 종족대로 된 레위인의 조상의 가문들이니라

²¹게르손에게서는 립니 종족과 시므이 종족이 났으니
이들이 곧 게르손의 조상의 가문들이라

²²계수된 자 곧 일 개월 이상 된 남자의 수효 합계는
칠천오백 명이며

²³게르손 종족들은 성막 뒤 곧 서쪽에 진을 칠 것이요

²⁴라엘의 아들 엘리아삽은 게르손 사람의 조상의
가문의 지휘관이 될 것이며

²⁵게르손 자손이 회막에서 맡을 일은
성막과 장막과 그 덮개와 회막 휘장 문과

²⁶뜰의 휘장과 및 성막과 제단 사방에 있는 뜰의
휘장 문과 그 모든 것에 쓰는 줄들이니라

²⁷고핫에게서는 아므람 종족과 이스할 종족과 헤브론 종족과
웃시엘 종족이 났으니 이들은 곧 고핫 종족들이라

²⁸계수된 자로서 출생 후 일 개월 이상 된 남자는
모두 팔천육백 명인데 성소를 맡을 것이며

²⁹고핫 자손의 종족들은 성막 남쪽에 진을 칠 것이요

³⁰웃시엘의 아들 엘리사반은 고핫 사람의 종족과

조상의 가문의 지휘관이 될 것이며

³¹ 그들이 맡을 것은 증거궤와 상과 등잔대와 제단들과
성소에서 봉사하는 데 쓰는 기구들과 휘장과
그것에 쓰는 모든 것이며

³² 제사장 아론의 아들 엘르아살은 레위인의 지휘관들의
어른이 되고 또 성소를 맡을 자를 통할할 것이니라

³³ 므라리에게서는 말리 종족과 무시 종족이 났으니
이들은 곧 므라리 종족들이라

³⁴ 그 계수된 자 곧 일 개월 이상 된 남자는
모두 육천이백 명이며

³⁵ 아비하일의 아들 수리엘은 므라리 종족과
조상의 가문의 지휘관이 될 것이요

이 종족은 성막(聖幕) 북쪽에 진을 칠 것이며

36 므라리 자손이 맡을 것은 성막의 널판과 그 띠와 그 기둥과
그 받침과 그 모든 기구와 그것에 쓰는 모든 것이며

37 뜰 사방 기둥과 그 받침과 그 말뚝과 그 줄들이니라

38 성막 앞 동쪽 곧 회막 앞 해 돋는 쪽에는
모세와 아론과 아론의 아들들이 진을 치고

이스라엘 자손의 직무를 위하여 성소의 직무를
수행할 것이며 외인이 가까이 하면 죽일지니라

39 모세와 아론이 여호와의 명령을 따라 레위인을
각 종족대로 계수한즉 일 개월 이상 된 남자는
모두 이만 이천 명이었더라

레위 사람이 맡아들 구실을 하다

⁴⁰여호와께서 또 모세에게 이르시되 이스라엘 자손의
처음 태어난 남자를 일 개월 이상으로 다 계수하여
그 명수를 기록하라

⁴¹나는 여호와라 이스라엘 자손 중 모든 처음 태어난 자
대신에 레위인을 내게 돌리고 또 이스라엘 자손의 가축 중

모든 처음 태어난 것 대신에 레위인의 가축을 내게 돌리라

⁴²모세가 여호와께서 자기에게 명령하신 대로
이스라엘 자손 중 모든 처음 태어난 자를 계수하니

⁴³일 개월 이상으로 계수된 처음 태어난 남자의 총계는
이만 이천이백칠십삼 명이었더라

⁴⁴여호와께서 모세에게 말씀하여 이르시되

⁴⁵이스라엘 자손 중 모든 처음 태어난 자 대신에

레위인을 취하고 또 그들의 가축 대신에 레위인의 가축을
취하라 레위인은 내 것이라 나는 여호와니라

⁴⁶이스라엘 자손의 처음 태어난 자가 레위인보다
이백칠십삼 명이 더 많은즉 속전으로

⁴⁷한 사람에 다섯 세겔씩 받되 성소의 세겔로 받으라
한 세겔은 이십 게라니라

⁴⁸그 더한 자의 속전을 아론과 그의 아들들에게 줄 것이니라

⁴⁹모세가 레위인으로 대속한 이외의 사람에게서 속전을 받았으니

⁵⁰곧 이스라엘 자손의 처음 태어난 자에게서 받은 돈이
성소의 세겔로 천삼백육십오 세겔이라

⁵¹모세가 이 속전을 여호와의 말씀대로
아론과 그의 아들들에게 주었으니

여호와께서 모세에게 명령(命令)하심과 같았느니라

고핫 자손의 임무

4 ¹ 또 여호와께서 모세와 아론에게 말씀하여 이르시되

² 레위 자손 중에서 고핫 자손을 그들의 종족과
조상의 가문에 따라 집계할지니

³ 곧 삼십 세 이상으로 오십 세까지 회막의 일을 하기 위하여
그 역사에 참가할 만한 모든 자를 계수하라

⁴ 고핫 자손이 회막 안의 지성물에 대하여 할 일은 이러하니라

⁵ 진영이 전진할 때에 아론과 그의 아들들이 들어가서
칸 막는 휘장을 걷어 증거궤를 덮고

⁶ 그 위를 해달의 가죽으로 덮고 그 위에
순청색 보자기를 덮은 후에 그 채를 꿰고

7 진설병의 상에 청색 보자기를 펴고 대접들과
숟가락들과 주발들과 붓는 잔들을 그 위에 두고
또 항상 진설하는 떡을 그 위에 두고

8 홍색 보자기를 그 위에 펴고 그것을
해달의 가죽 덮개로 덮은 후에 그 채를 꿰고

9 청색 보자기를 취하여 등잔대와 등잔들과 불 집게들과
불똥 그릇들과 그 쓰는 바 모든 기름 그릇을 덮고

10 등잔대와 그 모든 기구를 해달의 가죽 덮개 안에 넣어
메는 틀 위에 두고

11 금제단 위에 청색 보자기를 펴고
해달의 가죽 덮개로 덮고 그 채를 꿰고

12 성소에서 봉사하는 데에 쓰는 모든 기구(器具)를 취하여

청색 보자기에 싸서 해달의 가죽 덮개로 덮어
메는 틀 위에 두고

¹³제단의 재를 버리고 그 제단 위에 자색 보자기를 펴고

¹⁴봉사하는 데에 쓰는 모든 기구 곧 불 옮기는 그릇들과
고기 갈고리들과 부삽들과 대야들과

제단의 모든 기구를 두고 해달의 가죽 덮개를
그 위에 덮고 그 채를 꿸 것이며

¹⁵진영을 떠날 때에 아론과 그의 아들들이
성소와 성소의 모든 기구 덮는 일을 마치거든
고핫 자손들이 와서 멜 것이니라

그러나 성물은 만지지 말라 그들이 죽으리라
회막 물건 중에서 이것들은 고핫 자손이 멜 것이며

16제사장 아론의 아들 엘르아살이 맡을 것은 등유와 태우는
향과 항상 드리는 소제물과 관유이며 또 장막 전체와
그 중에 있는 모든 것과 성소와 그 모든 기구니라

17여호와께서 또 모세와 아론에게 말씀하여 이르시되

18너희는 고핫 족속의 지파를
레위인 중에서 끊어지게 하지 말지니

19그들이 지성물(至聖物)에 접근할 때에 그들의 생명을
보존하고 죽지 않게 하기 위하여 이같이 하라

아론과 그의 아들들이 들어가서 각 사람에게
그가 할 일과 그가 멜 것을 지휘하게 할지니라

20그들은 잠시라도 들어가서 성소를 보지 말라
그들이 죽으리라

게르손 자손의 임무

²¹여호와께서 또 모세에게 말씀하여 이르시되

²²게르손 자손도 그 조상의 가문과 종족에 따라 계수하되

²³삼십 세 이상으로 오십 세까지 회막에서 복무(服務)하고
봉사할 모든 자를 계수하라

²⁴게르손 종족의 할 일과 멜 것은 이러하니

²⁵곧 그들이 성막의 휘장들과 회막과 그 덮개와
그 위의 해달의 가죽 덮개와 회막 휘장 문을 메며

²⁶뜰의 휘장과 성막과 제단 사방에 있는 뜰의 휘장 문과
그 줄들과 그것에 사용하는 모든 기구를 메며
이 모든 것을 이렇게 맡아 처리할 것이라

²⁷게르손 자손은 그들의 모든 일 곧 멜 것과 처리할 것을

아론과 그의 아들들의 명령대로 할 것이니
너희는 그들이 멜 짐을 그들에게 맡길 것이니라

²⁸게르손 자손의 종족들이 회막에서 할 일은 이러하며
그들의 직무는 제사장 아론의 아들 이다말이 감독할지니라

므라리 자손의 임무

²⁹너는 므라리 자손도 그 조상의 가문과 종족에 따라 계수하되

³⁰삼십 세부터 오십 세까지 회막에서 복무하고 봉사할
모든 자를 계수하라

³¹그들이 직무를 따라 회막에서 할 모든 일
곧 그 멜 것은 이러하니 곧 장막의 널판들과 그 띠들과
그 기둥들과 그 받침들과

³²뜰 둘레의 기둥들과 그 받침들과 그 말뚝들과 그 줄들과

그 모든 기구들과 그것에 쓰는 모든 것이라
너희는 그들이 맡아 멜 모든 기구의 품목을 지정하라

33 이는 제사장 아론의 아들 이다말의 수하에 있을 므라리
자손의 종족들이 그 모든 직무대로 회막에서 행할 일이니라

레위 사람 인구 조사

34 모세와 아론과 회중의 지도자들이 고핫 자손들을
그 종족과 조상의 가문에 따라 계수하니

35 삼십 세부터 오십 세까지 회막에서 복무하고 봉사할 모든 자

36 곧 그 종족대로 계수된 자가 이천칠백오십 명이니

37 이는 모세와 아론이 여호와께서 모세에게 명령하신 대로
회막에서 종사하는 고핫인의 모든 종족 중 계수된 자이니라

38 게르손 자손 중 그 종족과 조상의 가문을 따라 계수된 자는

³⁹삼십 세부터 오십 세까지 회막 봉사에 참여하여
일할 만한 모든 자라

⁴⁰그 종족과 조상의 가문을 따라 계수된 자는
이천육백삼십 명이니

⁴¹이는 모세와 아론이 여호와의 명령대로 회막에서 종사하는
게르손 자손의 모든 종족 중 계수된 자니라

⁴²므라리 자손의 종족 중
그 종족과 조상의 가문을 따라 계수된 자는

⁴³삼십 세부터 오십 세까지
회막에서 복무하고 봉사할 모든 자라

⁴⁴그 종족을 따라 계수된 자는 삼천이백 명이니

⁴⁵이는 모세와 아론이 여호와께서 모세에게 명령하신 대로

므라리 자손들의 종족 중 계수된 자니라

⁴⁶ 모세와 아론과 이스라엘 지휘관들이 레위인을
그 종족과 조상의 가문에 따라 다 계수하니

⁴⁷ 삼십 세부터 오십 세까지 회막 봉사와 메는 일에
참여하여 일할 만한 모든 자

⁴⁸ 곧 그 계수된 자는 팔천오백팔십 명이라

⁴⁹ 그들이 할 일과 짐을 메는 일을 따라 모세에게 계수되었으되
여호와께서 모세에게 명령하신 대로 그들이 계수되었더라

부정한 사람의 처리

5 ¹ 여호와께서 모세에게 말씀하여 이르시되

² 이스라엘 자손에게 명령하여 모든 나병 환자와
유출증이 있는 자와 주검으로 부정하게 된 자를

다 진영 밖으로 내보내되

3 남녀(男女)를 막론(莫論)하고 다 진영 밖으로 내보내어
그들이 진영을 더럽히게 하지 말라

내가 그 진영 가운데에 거하느니라 하시매

4 이스라엘 자손이 그같이 행하여 그들을 진영 밖으로
내보냈으니 곧 여호와께서 모세에게 이르신 대로
이스라엘 자손이 행하였더라

죄에 대한 값

5 여호와께서 모세에게 말씀하여 이르시되

6 이스라엘 자손에게 이르라 남자나 여자나 사람들이
범하는 죄를 범하여 여호와께 거역함으로 죄를 지으면

7 그 지은 죄를 자복(自服)하고 그 죄 값을 온전히 갚되

오분의 일을 더하여 그가 죄를 지었던
그 사람에게 돌려줄 것이요

8 만일 죄 값을 받을 만한 친척이 없으면 그 죄 값을
여호와께 드려 제사장에게로 돌릴 것이니 이는
그를 위하여 속죄할 속죄의 숫양과 함께 돌릴 것이니라

9 이스라엘 자손이 거제(擧祭)로 제사장에게 가져오는
모든 성물은 그의 것이 될 것이라

10 각 사람이 구별한 물건은 그의 것이 되나니 누구든지
제사장에게 주는 것은 그의 것이 되느니라

아내의 간통을 밝히는 절차

11 여호와께서 모세에게 말씀하여 이르시되

12 이스라엘 자손에게 말하여 그들에게 이르라

만일 어떤 사람의 아내가 탈선하여 남편에게 신의를 저버렸고

¹³한 남자가 그 여자와 동침하였으나
그의 남편의 눈에 숨겨 드러나지 아니하였고

그 여자의 더러워진 일에 증인도 없고
그가 잡히지도 아니하였어도

¹⁴그 남편이 의심이 생겨 그 아내를 의심하였는데
그의 아내가 더럽혀졌거나 또는 그 남편이 의심이 생겨

그 아내를 의심하였으나 그 아내가 더럽혀지지 아니하였든지

¹⁵그의 아내를 데리고 제사장에게로 가서
그를 위하여 보리 가루 십분의 일 에바를 헌물로 드리되

그것에 기름도 붓지 말고 유향(乳香)도 두지 말라
이는 의심의 소제요 죄악을 기억나게 하는 기억의 소제라

¹⁶제사장은 그 여인을 가까이 오게 하여 여호와 앞에 세우고

¹⁷토기에 거룩한 물을 담고
성막 바닥의 티끌을 취하여 물에 넣고

¹⁸여인을 여호와 앞에 세우고 그의 머리를 풀게 하고
기억나게 하는 소제물 곧 의심의 소제물을 그의 두 손에
두고 제사장은 저주가 되게 할 쓴 물을 자기 손에 들고

¹⁹여인에게 맹세하게 하여 그에게 이르기를
네가 네 남편을 두고 탈선하여 다른 남자와 동침하여

더럽힌 일이 없으면 저주가 되게 하는
이 쓴 물의 해독을 면(免)하리라

²⁰그러나 네가 네 남편을 두고 탈선하여 몸을 더럽혀서
네 남편 아닌 사람과 동침하였으면

²¹ (제사장이 그 여인에게 저주의 맹세를 하게 하고 그 여인에게
말할지니라) 여호와께서 네 넓적다리가 마르고 네 배가 부어서
네가 네 백성 중에 저줏거리, 맹셋거리가 되게 하실지라

²² 이 저주가 되게 하는 이 물이 네 창자에 들어가서
네 배를 붓게 하고 네 넓적다리를 마르게 하리라 할 것이요
여인은 아멘 아멘 할지니라

²³ 제사장이 저주의 말을 두루마리에 써서 그 글자를
그 쓴 물에 빨아 넣고

²⁴ 여인에게 그 저주가 되게 하는 쓴 물을 마시게 할지니
그 저주가 되게 하는 물이 그의 속에 들어 가서 쓰리라

²⁵ 제사장이 먼저 그 여인의 손에서 의심의 소제물을 취하여
그 소제물을 여호와 앞에 흔들고 제단으로 가지고 가서

²⁶제사장은 그 소제물 중에서 한 움큼을 취하여
그 여자에게 기억나게 하는 소제물로 제단 위에 불사르고
그 후에 여인에게 그 물을 마시게 할지라

²⁷그 물을 마시게 한 후에 만일 여인이 몸을 더럽혀서
그 남편에게 범죄하였으면 그 저주가 되게 하는 물이
그의 속에 들어가서 쓰게 되어

그의 배가 부으며 그의 넓적다리가 마르리니
그 여인이 그 백성 중에서 저줏거리가 될 것이니라

²⁸그러나 여인이 더럽힌 일이 없고 정결하면
해를 받지 않고 임신하리라

²⁹이는 의심의 법이니 아내가 그의 남편을 두고
탈선하여 더럽힌 때나

30 또는 그 남편이 의심이 생겨서 자기의 아내를 의심할 때에
여인을 여호와 앞에 두고 제사장이 이 법대로 행할 것이라

31 남편은 무죄할 것이요 여인은 죄가 있으면 당하리라

나실인의 법

6 1 여호와께서 모세에게 말씀하여 이르시되

2 이스라엘 자손에게 전하여 그들에게 이르라
남자나 여자가 특별한 서원 곧 나실인의 서원을 하고
자기 몸을 구별하여 여호와께 드리려고 하면

3 포도주와 독주를 멀리하며 포도주로 된 초나
독주로 된 초를 마시지 말며 포도즙도 마시지 말며
생포도나 건포도도 먹지 말지니

4 자기 몸을 구별하는 모든 날 동안에는 포도나무 소산은

씨나 껍질이라도 먹지 말지며

5 그 서원을 하고 구별하는 모든 날 동안은 삭도(削刀)를
절대로 그의 머리에 대지 말 것이라 자기 몸을 구별하여

여호와께 드리는 날이 차기까지 그는 거룩한즉
그의 머리털을 길게 자라게 할 것이며

6 자기의 몸을 구별하여 여호와께 드리는 모든 날 동안은
시체를 가까이 하지 말 것이요

7 그의 부모 형제 자매가 죽은 때에라도 그로 말미암아
몸을 더럽히지 말 것이니 이는 자기의 몸을 구별하여
하나님께 드리는 표가 그의 머리에 있음이라

8 자기의 몸을 구별하는 모든 날 동안 그는
여호와께 거룩한 자니라

9 누가 갑자기 그 곁에서 죽어서 스스로 구별한 자의 머리를
더럽히면 그의 몸을 정결(淨潔)하게 하는 날에
머리를 밀 것이니 곧 일곱째 날에 밀 것이며

10 여덟째 날에 산비둘기 두 마리나 집비둘기 새끼 두 마리를
가지고 회막 문에 와서 제사장에게 줄 것이요

11 제사장은 그 하나를 속죄제물로, 하나를 번제물로 드려서
그의 시체로 말미암아 얻은 죄를 속하고 또 그는
그 날에 그의 머리를 성결하게 할 것이며

12 자기 몸을 구별하여 여호와께 드릴 날을 새로 정하고
일 년 된 숫양을 가져다가 속건제물로 드릴지니라

자기의 몸을 구별한 때에 그의 몸을 더럽혔은즉
지나간 기간은 무효니라

¹³나실인의 법은 이러하니라 자기의 몸을 구별한 날이 차면
그 사람을 회막 문으로 데리고 갈 것이요

¹⁴그는 여호와께 헌물을 드리되 번제물로 일 년 된 흠 없는
숫양 한 마리와 속죄제물로 일 년 된 흠 없는 어린 암양
한 마리와 화목제물로 흠 없는 숫양 한 마리와

¹⁵무교병 한 광주리와 고운 가루에 기름 섞은 과자들과
기름 바른 무교전병들과 그 소제물과 전제물을 드릴 것이요

¹⁶제사장은 그것들을 여호와 앞에 가져다가
속죄제와 번제를 드리고

¹⁷화목제물로 숫양에 무교병 한 광주리를 아울러
여호와께 드리고 그 소제와 전제를 드릴 것이요

¹⁸자기의 몸을 구별한 나실인은 회막 문에서 자기의 머리털을

밀고 그것을 화목제물 밑에 있는 불에 둘지며

¹⁹자기의 몸을 구별한 나실인이 그의 머리 털을 민 후에
제사장이 삶은 숫양의 어깨와 광주리 가운데 무교병 하나와

무교전병 하나를 취하여 나실인의 두 손에 두고

²⁰여호와 앞에 요제로 흔들 것이며 그것과 흔든 가슴과
받들어올린 넓적다리는 성물이라 다 제사장에게 돌릴 것이니라

그 후에는 나실인이 포도주를 마실 수 있느니라

²¹이는 곧 서원한 나실인이 자기의 몸을 구별한 일로
말미암아 여호와께 헌물을 드림과 행할 법이며 이외에도

힘이 미치는 대로 하려니와 그가 서원한 대로
자기의 몸을 구별하는 법을 따라 할 것이니라

제사장의 축복

²²여호와께서 모세에게 말씀하여 이르시되

²³아론과 그의 아들들에게 말하여 이르기를 너희는
이스라엘 자손을 위하여 이렇게 축복하여 이르되

²⁴여호와는 네게 복을 주시고 너를 지키시기를 원하며

²⁵여호와는 그의 얼굴을 네게 비추사 은혜 베푸시기를 원하며

²⁶여호와는 그 얼굴을 네게로 향하여 드사
평강 주시기를 원하노라 할지니라 하라

²⁷그들은 이같이 내 이름으로 이스라엘 자손에게
축복할지니 내가 그들에게 복을 주리라

감독된 자들이 드린 헌물

7 ¹모세가 장막 세우기를 끝내고 그것에 기름을 발라
거룩히 구별(區別)하고 또 그 모든 기구와 제단과

그 모든 기물에 기름을 발라 거룩히 구별한 날에

2 이스라엘 지휘관들 곧 그들의 조상의 가문의 우두머리들이요
그 지파의 지휘관으로서 그 계수함을 받은 자의
감독된 자들이 헌물을 드렸으니

3 그들이 여호와께 드린 헌물은 덮개 있는 수레 여섯 대와
소 열두 마리이니 지휘관 두 사람에 수레가 하나씩이요

지휘관 한 사람에 소가 한 마리씩이라
그것들을 장막 앞에 드린지라

4 여호와께서 모세에게 말씀하여 이르시되

5 그것을 그들에게서 받아 레위인에게 주어 각기 직임대로
회막 봉사에 쓰게 할지니라

6 모세가 수레와 소를 받아 레위인에게 주었으니

7 곧 게르손 자손들에게는 그들의 직임대로 수레 둘과
소 네 마리를 주었고

8 므라리 자손들에게는 그들의 직임대로 수레 넷과
소 여덟 마리를 주고 제사장 아론의 아들 이다말에게
감독하게 하였으나

9 고핫 자손에게는 주지 아니하였으니 그들의 성소의
직임(職任)은 그 어깨로 메는 일을 하는 까닭이었더라

10 제단에 기름을 바르던 날에 지휘관들이 제단의 봉헌을
위하여 헌물을 가져다가 그 헌물을 제단 앞에 드리니라

11 여호와께서 모세에게 이르시기를 지휘관들은 하루 한 사람씩
제단의 봉헌물을 드릴지니라 하셨더라

12 첫째 날에 헌물을 드린 자는 유다 지파 암미나답의

아들 나손이라

13 그의 헌물은 성소의 세겔로 백삼십 세겔 무게의 은반 하나와 칠십 세겔 무게의 은 바리 하나라

이 두 그릇에는 소제물로 기름 섞은 고운 가루를 채웠고

14 또 열 세겔 무게의 금 그릇 하나라 그것에는 향을 채웠고

15 또 번제물로 수송아지 한 마리와 숫양 한 마리와 일 년 된 어린 숫양 한 마리이며

16 속죄제물로 숫염소 한 마리이며

17 화목제물로 소 두 마리와 숫양 다섯 마리와 숫염소 다섯 마리와 일 년 된 어린 숫양 다섯 마리라

이는 암미나답의 아들 나손의 헌물이었더라

18 둘째 날에는 잇사갈의 지휘관 수알의 아들 느다넬이

헌물을 드렸으니

¹⁹ 그가 드린 헌물도 성소의 세겔로 백삼십 세겔 무게의 은반
하나와 칠십 세겔 무게의 은 바리 하나라

이 두 그릇에는 소제물로 기름 섞은 고운 가루를 채웠고

²⁰ 또 열 세겔 무게의 금 그릇 하나라 그것에는 향을 채웠고

²¹ 또 번제물로 수송아지 한 마리와 숫양 한 마리와
일 년 된 어린 숫양 한 마리이며

²² 속죄제물로 숫염소 한 마리이며

²³ 화목제물로 소 두 마리와 숫양 다섯 마리와 숫염소
다섯 마리와 일년 된 어린 숫양 다섯 마리라

이는 수알의 아들 느다넬의 헌물이었더라

²⁴ 셋째 날에는 스불론 자손의 지휘관 헬론의 아들

엘리압이 헌물을 드렸으니

²⁵그의 헌물도 성소의 세겔로 백삼십 세겔 무게의 은반
하나와 칠십 세겔 무게의 은 바리 하나라

이 두 그릇에는 소제물로 기름 섞은 고운 가루를 채웠고

²⁶또 열 세겔 무게의 금 그릇 하나라 이것에는 향을 채웠고

²⁷또 번제물로 수송아지 한 마리와 숫양 한 마리와
일 년 된 어린 숫양 한 마리이며

²⁸속죄제물로 숫염소 한 마리이며

²⁹화목제물로 소 두 마리와 숫양 다섯 마리와 숫염소
다섯 마리와 일 년 된 어린 숫양 다섯 마리라

이는 헬론의 아들 엘리압의 헌물이었더라

³⁰넷째 날에는 르우벤 자손의 지휘관 스데울의 아들

엘리술이 헌물을 드렸으니

31 그의 헌물도 성소의 세겔로 백삼십 세겔 무게의 은 쟁반
하나와 칠십 세겔 무게의 은 바리 하나라

이 두 그릇에는 소제물로 기름 섞은 고운 가루를 채웠고

32 또 열 세겔 무게의 금 그릇 하나라 이것에는 향을 채웠고

33 또 번제물로 수송아지 한 마리와 숫양 한 마리와
일 년 된 어린 숫양 한 마리이며

34 속죄제물로 숫염소 한 마리이며

35 화목제물로 소 두 마리와 숫양 다섯 마리와 숫염소
다섯 마리와 일 년 된 어린 숫양 다섯 마리라

이는 스데울의 아들 엘리술의 헌물이었더라

36 다섯째 날에는 시므온 자손의 지휘관 수리삿대의 아들

슬루미엘이 헌물을 드렸으니

37 그 헌물도 성소의 세겔로 백삼십 세겔 무게의 은 쟁반 하나와 칠십 세겔 무게의 은 바리 하나라

이 두 그릇에는 소제물로 기름 섞은 고운 가루를 채웠고

38 또 열 세겔 무게의 금 그릇 하나라 이것에는 향을 채웠고

39 또 번제물로 수송아지 한 마리와 숫양 한 마리와 일 년 된 어린 숫양 한 마리이며

40 속죄제물로 숫염소 한 마리이며

41 화목제물로 소 두 마리와 숫양 다섯 마리와 숫염소 다섯 마리와 일 년 된 어린 숫양 다섯 마리라

이는 수리삿대의 아들 슬루미엘의 헌물이었더라

42 여섯째 날에는 갓 자손의 지휘관 드우엘의 아들

엘리아삽이 헌물을 드렸으니

43 그의 헌물도 성소의 세겔로 백삼십 세겔 무게의 은 쟁반 하나와 칠십 세겔 무게의 은 바리 하나라

이 두 그릇에는 소제물로 기름 섞은 고운 가루를 채웠고

44 또 열 세겔 무게의 금 그릇 하나라 이것에는 향(香)을 채웠고

45 또 번제물로 수송아지 한 마리와 숫양 한 마리와 일 년 된 어린 숫양 한 마리이며

46 속죄제물로 숫염소 한 마리이며

47 화목제물로 소 두 마리와 숫양 다섯 마리와 숫염소 다섯 마리와 일 년 된 어린 숫양 다섯 마리라

이는 드우엘의 아들 엘리아삽의 헌물이었더라

48 일곱째 날에는 에브라임 자손의 지휘관 암미훗의 아들

엘리사마가 헌물을 드렸으니

⁴⁹그의 헌물도 성소(聖所)의 세겔로 백삼십 세겔 무게의
은 쟁반 하나와 칠십 세겔 무게의 은 바리 하나라

이 두 그릇에는 소제물로 기름 섞은 고운 가루를 채웠고

⁵⁰또 열 세겔 무게의 금 그릇 하나라 이것에는 향을 채웠고

⁵¹또 번제물로 수송아지 한 마리와 숫양 한 마리와
일 년 된 어린 숫양 한 마리이며

⁵²속죄제물로 숫염소 한 마리이며

⁵³화목제물로 소 두 마리와 숫양 다섯 마리와 숫염소
다섯 마리와 일 년 된 어린 숫양 다섯 마리라

이는 암미훗의 아들 엘리사마의 헌물이었더라

⁵⁴여덟째 날에는 므낫세 자손의 지휘관 브다술의 아들

가말리엘이 헌물을 드렸으니

55 그 헌물도 성소의 세겔로 백삼십 세겔 무게의 은 쟁반
하나와 칠십 세겔 무게의 은 바리 하나라

이 두 그릇에는 소제물로 기름 섞은 고운 가루를 채웠고

56 또 열 세겔 무게의 금 그릇 하나라 이것에는 향을 채웠고

57 또 번제물로 수송아지 한 마리와 숫양 한 마리와
일 년 된 어린 숫양 한 마리이며

58 속죄제물로 숫염소 한 마리이며

59 화목제물로 소 두 마리와 숫양 다섯 마리와 숫염소
다섯 마리와 일 년 된 어린 숫양 다섯 마리라

이는 브다술의 아들 가말리엘의 헌물이었더라

60 아홉째 날에는 베냐민 자손의 지휘관 기드오니의 아들

아비단이 헌물을 드렸으니

61 그의 헌물도 성소의 세겔로 백삼십 세겔 무게의 은 쟁반 하나와 칠십 세겔 무게의 은 바리 하나라

이 두 그릇에는 소제물로 기름 섞은 고운 가루를 채웠고

62 또 열 세겔 무게의 금 그릇 하나라 이것에는 향을 채웠고

63 또 번제물로 수송아지 한 마리와 숫양 한 마리와 일 년 된 어린 숫양 한 마리이며

64 속죄제물로 숫염소 한 마리이며

65 화목제물로 소 두 마리와 숫양 다섯 마리와 숫염소 다섯 마리와 일 년 된 어린 숫양 다섯 마리라

이는 기드오니의 아들 아비단의 헌물이었더라

66 열째 날에는 단 자손의 지휘관 암미삿대의 아들

아히에셀이 헌물을 드렸으니

⁶⁷그의 헌물도 성소의 세겔로 백삼십 세겔 무게의 은 쟁반
하나와 칠십 세겔 무게의 은 바리 하나라

이 두 그릇에는 소제물로 기름 섞은 고운 가루를 채웠고

⁶⁸또 열 세겔 무게의 금 그릇 하나라 이것에는 향을 채웠고

⁶⁹또 번제물로 수송아지 한 마리와 숫양 한 마리와
일 년 된 어린 숫양 한 마리이며

⁷⁰속죄제물로 숫염소 한 마리이며

⁷¹화목제물로 소 두 마리와 숫양 다섯 마리와 숫염소
다섯 마리와 일 년 된 어린 숫양 다섯 마리라

이는 암미삿대의 아들 아히에셀의 헌물이었더라

⁷²열한째 날에는 아셀 자손의 지휘관 오그란의 아들

바기엘이 헌물을 드렸으니

73 그의 헌물도 성소의 세겔로 백삼십 세겔 무게의 은 쟁반
하나와 칠십 세겔 무게의 은 바리 하나라

이 두 그릇에는 소제물로 기름 섞은 고운 가루를 채웠고

74 또 열 세겔 무게의 금 그릇 하나라 이것에는 향을 채웠고

75 또 번제물로 수송아지 한 마리와 숫양 한 마리와
일 년 된 어린 숫양 한 마리이며

76 속죄제물로 숫염소 한 마리이며

77 화목제물로 소 두 마리와 숫양 다섯 마리와 숫염소
다섯 마리와 일 년 된 어린 숫양 다섯 마리라

이는 오그란의 아들 바기엘의 헌물이었더라

78 열두째 날에는 납달리 자손의 지휘관 에난의 아들

아히라가 헌물을 드렸으니

⁷⁹그의 헌물도 성소의 세겔로 백삼십 세겔 무게의 은 쟁반
하나와 칠십 세겔 무게의 은 바리 하나라

이 두 그릇에는 소제물로 기름 섞은 고운 가루를 채웠고

⁸⁰또 열 세겔 무게의 금 그릇 하나라 이것에는 향을 채웠고

⁸¹또 번제물로 수송아지 한 마리와 숫양 한 마리와
일 년 된 어린 숫양 한 마리이며

⁸²속죄제물로 숫염소 한 마리이며

⁸³화목제물로 소 두 마리와 숫양 다섯 마리와 숫염소
다섯 마리와 일 년 된 어린 숫양 다섯 마리라

이는 에난의 아들 아히라의 헌물이었더라

⁸⁴이는 곧 제단에 기름 바르던 날에 이스라엘 지휘관들이

드린 바 제단의 봉헌물이라 은 쟁반이 열둘이요
은 바리가 열둘이요 금 그릇이 열둘이니

85은 쟁반은 각각 백삼십 세겔 무게요 은 바리는 각각
칠십 세겔 무게라 성소의 세겔로 모든 기구의 은이
모두 이천사백 세겔이요

86또 향을 채운 금 그릇이 열둘이니 성소의 세겔로 각각
열 세겔 무게라 그 그릇의 금이 모두 백이십 세겔이요

87또 번제물로 수송아지가 열두 마리요 숫양이 열두 마리요
일 년 된 어린 숫양이 열두 마리요 그 소제물이며
속죄제물로 숫염소가 열두 마리이며

88화목제물로 수소가 스물네 마리요 숫양이 육십 마리요
숫염소가 육십 마리요 일 년 된 어린 숫양이 육십 마리라

이는 제단에 기름 바른 후에 드린 바 제단의 봉헌물이었더라

89 모세가 회막에 들어가서 여호와께 말하려 할 때에 증거궤 위
속죄소 위의 두 그룹 사이에서 자기에게 말씀하시는
목소리를 들었으니 여호와께서 그에게 말씀하심이었더라

등잔을 차려 놓는 방식

8 ¹ 여호와께서 또 모세에게 말씀하여 이르시되

² 아론에게 말하여 이르라 등불을 켤 때에는 일곱 등잔을
등잔대 앞으로 비추게 할지니라 하시매

³ 아론이 그리하여 등불을 등잔대 앞으로 비추도록 켰으니
여호와께서 모세에게 명령하심과 같았더라

⁴ 이 등잔대의 제작법은 이러하니 곧 금을 쳐서 만든 것인데
밑판에서 그 꽃까지 쳐서 만든 것이라 모세가 여호와께서

자기에게 보이신 양식을 따라 이 등잔대를 만들었더라

레위인을 요제로 여호와께 드리다

⁵ 여호와께서 모세에게 말씀하여 이르시되

⁶ 이스라엘 자손 중에서 레위인을 데려다가 정결하게 하라

⁷ 너는 이같이 하여 그들을 정결하게 하되 곧 속죄의 물을
그들에게 뿌리고 그들에게 그들의 전신을 삭도로 밀게 하고
그 의복을 빨게 하여 몸을 정결하게 하고

⁸ 또 그들에게 수송아지 한 마리를 번제물로, 기름 섞은
고운 가루를 그 소제물로 가져오게 하고 그 외에 너는
또 수송아지 한 마리를 속죄제물로 가져오고

⁹ 레위인을 회막 앞에 나오게 하고 이스라엘 자손의
온 회중을 모으고

10 레위인을 여호와 앞에 나오게 하고 이스라엘 자손이
그들에게 안수하게 한 후에

11 아론이 이스라엘 자손을 위하여 레위인을 흔들어
바치는 제물로 여호와 앞에 드릴지니 이는 그들에게
여호와께 봉사하게 하기 위함이라

12 레위인으로 수송아지들의 머리에 안수하게 하고
네가 그 하나는 속죄제물로, 하나는 번제물로
여호와께 드려 레위인을 속죄하고

13 레위인을 아론과 그의 아들들 앞에 세워
여호와께 요제로 드릴지니라

14 너는 이같이 이스라엘 자손 중에서 레위인을 구별하라
그리하면 그들이 내게 속할 것이라

¹⁵네가 그들을 정결하게 하여 요제로 드린 후에 그들이
회막에 들어가서 봉사할 것이니라

¹⁶그들은 이스라엘 자손 중에서 내게 온전히 드린 바
된 자라 이스라엘 자손 중 모든 초태생(初胎生) 곧 모든
처음 태어난 자 대신 내가 그들을 취하였나니

¹⁷이스라엘 자손 중에 처음 태어난 것은 사람이든지
짐승이든지 다 내게 속하였음은 내가 애굽 땅에서 모든
처음 태어난 자를 치던 날에 그들을 내게 구별하였음이라

¹⁸이러므로 내가 이스라엘 자손 중 모든 처음 태어난 자
대신 레위인을 취하였느니라

¹⁹내가 이스라엘 자손 중에서 레위인을 취하여 그들을 아론과
그의 아들들에게 주어 그들로 회막에서 이스라엘 자손을

대신하여 봉사하게 하며 또 이스라엘 자손을 위하여
속죄하게 하였나니 이는 이스라엘 자손이 성소에 가까이
할 때에 그들 중에 재앙(災殃)이 없게 하려 하였음이니라

²⁰모세와 아론과 이스라엘 자손의 온 회중이 여호와께서
레위인에 대하여 모세에게 명령하신 것을 다 따라

레위인에게 행하였으되 곧 이스라엘 자손이
그와 같이 그들에게 행하였더라

²¹레위인이 이에 죄에서 스스로 깨끗하게 하고 그들의 옷을
빨매 아론이 그들을 여호와 앞에 요제로 드리고 그가
또 그들을 위하여 속죄하여 정결하게 한

²²후에 레위인이 회막에 들어가서 아론과 그의 아들들 앞에서
봉사하니라 여호와께서 레위인의 일에 대하여 모세에게

명령하게 하신 것을 따라 그와 같이 그들에게 행하였더라

²³ 여호와께서 또 모세에게 말씀하여 이르시되

²⁴ 레위인은 이같이 할지니 곧 이십오 세 이상으로는
회막에 들어가서 복무하고 봉사할 것이요

²⁵ 오십 세부터는 그 일을 쉬어 봉사하지 아니할 것이나

²⁶ 그의 형제와 함께 회막에서 돕는 직무를 지킬 것이요
일하지 아니할 것이라 너는 레위인의 직무에 대하여
이같이 할지니라

두 번째 유월절

9 ¹ 애굽 땅에서 나온 다음 해 첫째 달에 여호와께서
시내 광야에서 모세에게 말씀하여 이르시되

² 이스라엘 자손에게 유월절을 그 정한 기일에 지키게 하라

3 그 정한 기일 곧 이 달 열넷째 날 해 질 때에 너희는
그것을 지키되 그 모든 율례와 그 모든 규례대로 지킬지니라

4 모세가 이스라엘 자손에게 명령하여 유월절을 지키라 하매

5 그들이 첫째 달 열넷째 날 해 질 때에
시내 광야에서 유월절을 지켰으되 이스라엘 자손이
여호와께서 모세에게 명령하신 것을 다 따라 행하였더라

6 그 때에 사람의 시체로 말미암아 부정하게 되어서
유월절을 지킬 수 없는 사람들이 있었는데 그들이 그 날에
모세와 아론 앞에 이르러

7 그에게 이르되 우리가 사람의 시체로 말미암아 부정하게
되었거니와 우리를 금지하여 이스라엘 자손과 함께 정한
기일에 여호와께 헌물을 드리지 못하게 하심은 어찌함이니이까

⁸ 모세가 그들에게 이르되 기다리라 여호와께서 너희에게
대하여 어떻게 명령하시는지 내가 들으리라

⁹ 여호와께서 모세에게 말씀하여 이르시되

¹⁰ 이스라엘 자손에게 말하여 이르라 너희나 너희 후손 중에
시체로 말미암아 부정하게 되든지 먼 여행 중에 있다
할지라도 다 여호와 앞에 마땅히 유월절을 지키되

¹¹ 둘째 달 열넷째 날 해 질 때에 그것을 지켜서
어린 양에 무교병과 쓴 나물을 아울러 먹을 것이요

¹² 아침까지 그것을 조금도 남겨두지 말며 그 뼈를 하나도
꺾지 말아서 유월절 모든 율례대로 지킬 것이니라

¹³ 그러나 사람이 정결하기도 하고 여행 중에도 있지
아니하면서 유월절을 지키지 아니하는 자는 그 백성 중에서

끊어지리니 이런 사람은 그 정한 기일에 여호와께 헌물을
드리지 아니하였은즉 그의 죄를 담당할지며

¹⁴만일 타국인이 너희 중에 거류하여 여호와 앞에 유월절을
지키고자 하면 유월절 율례대로 그 규례를 따라서 행할지니

거류민에게나 본토인에게나 그 율례는 동일할 것이니라

길을 안내한 구름

¹⁵성막을 세운 날에 구름이 성막 곧 증거의 성막을 덮었고
저녁이 되면 성막 위에 불 모양 같은 것이 나타나서
아침까지 이르렀으되

¹⁶항상 그러하여 낮에는 구름이 그것을 덮었고
밤이면 불 모양이 있었는데

¹⁷구름이 성막에서 떠오르는 때에는 이스라엘 자손이 곧 행진

하였고 구름이 머무는 곳에 이스라엘 자손이 진을 쳤으니

18 이스라엘 자손이 여호와의 명령을 따라 행진하였고
여호와의 명령을 따라 진을 쳤으며 구름이 성막 위에
머무는 동안에는 그들이 진영에 머물렀고

19 구름이 성막 위에 머무는 날이 오랠 때에는 이스라엘 자손이
여호와의 명령을 지켜 행진하지 아니하였으며

20 혹시 구름이 성막 위에 머무는 날이 적을 때에도
그들이 다만 여호와의 명령을 따라 진영에 머물고
여호와의 명령을 따라 행진하였으며

21 혹시 구름이 저녁부터 아침까지 있다가
아침에 그 구름이 떠오를 때에는 그들이 행진하였고
구름이 밤낮 있다가 떠오르면 곧 행진하였으며

22이틀이든지 한 달이든지 일 년이든지 구름이 성막 위에 머물러 있을 동안에는 이스라엘 자손이 진영에 머물고 행진하지 아니하다가 떠오르면 행진하였으니

23곧 그들이 여호와의 명령을 따라 진을 치며 여호와의 명령을 따라 행진하고 또 모세를 통하여 이르신 여호와의 명령을 따라 여호와의 직임을 지켰더라

나팔 신호

10 1 여호와께서 모세에게 말씀하여 이르시되

2 은 나팔 둘을 만들되 두들겨 만들어서 그것으로 회중을 소집하며 진영을 출발하게 할 것이라

3 나팔 두 개를 불 때에는 온 회중이 회막 문 앞에 모여서 네게로 나아올 것이요

4 하나만 불 때에는 이스라엘의 천부장 된 지휘관들이 모여서
네게로 나아올 것이며

5 너희가 그것을 크게 불 때에는 동쪽 진영들이 행진할 것이며

6 두 번째로 크게 불 때에는 남쪽 진영들이 행진할 것이라
떠나려 할 때에는 나팔 소리를 크게 불 것이며

7 또 회중을 모을 때에도 나팔을 불 것이나
소리를 크게 내지 말며

8 그 나팔은 아론의 자손인 제사장들이 불지니
이는 너희 대대에 영원한 율례니라

9 또 너희 땅에서 너희가 자기를 압박하는 대적을 치러 나갈
때에는 나팔을 크게 불지니 그리하면 너희 하나님 여호와가
너희를 기억하고 너희를 너희의 대적에게서 구원하시리라

¹⁰또 너희의 희락의 날과 너희가 정한 절기와 초하루에는
번제물을 드리고 화목제물을 드리며 나팔을 불라

그로 말미암아 너희의 하나님이 너희를 기억하시리라
나는 너희의 하나님 여호와니라

이스라엘 자손이 진행하기를 시작하다

¹¹둘째 해 둘째 달 스무날에 구름이 증거의 성막에서 떠오르매

¹²이스라엘 자손이 시내 광야에서 출발하여 자기 길을 가더니
바란 광야에 구름이 머무니라

¹³이와 같이 그들이 여호와께서 모세에게 명령하신 것을 따라
행진하기를 시작하였는데

¹⁴선두로 유다 자손의 진영의 군기에 속한 자들이
그들의 진영별로 행진하였으니 유다 군대는

암미나답의 아들 나손이 이끌었고

15 잇사갈 자손 지파의 군대는 수알의 아들 느다넬이 이끌었고

16 스불론 자손 지파의 군대는 헬론의 아들 엘리압이 이끌었더라

17 이에 성막을 걷으매 게르손 자손과 므라리 자손이
성막을 메고 출발하였으며

18 다음으로 르우벤 진영의 군기에 속한 자들이
그들의 진영별로 출발하였으니 르우벤의 군대는
스데울의 아들 엘리술이 이끌었고

19 시므온 자손 지파의 군대는
수리삿대의 아들 슬루미엘이 이끌었고

20 갓 자손 지파의 군대는 드우엘의 아들 엘리아삽이 이끌었더라

21 고핫인은 성물을 메고 행진하였고 그들이 이르기 전에

성막을 세웠으며

22 다음으로 에브라임 자손 진영의 군기에 속한 자들이
그들의 진영별로 행진하였으니 에브라임 군대는
암미훗의 아들 엘리사마가 이끌었고

23 므낫세 자손 지파의 군대는
브다술의 아들 가말리엘이 이끌었고

24 베냐민 자손 지파의 군대는 기드오니의 아들
아비단이 이끌었더라

25 다음으로 단 자손 진영의 군기에 속한 자들이 그들의
진영별로 행진하였으니 이 군대는 모든 진영의 마지막 진영
이었더라 단 군대는 암미삿대의 아들 아히에셀이 이끌었고

26 아셀 자손 지파의 군대는 오그란의 아들 바기엘이 이끌었고

²⁷납달리 자손 지파의 군대는 에난의 아들 아히라가 이끌었더라

²⁸이스라엘 자손이 행진할 때에 이와 같이
그들의 군대를 따라 나아갔더라

²⁹모세가 모세의 장인 미디안 사람 르우엘의 아들
호밥에게 이르되 여호와께서 주마 하신 곳으로 우리가

행진(行陣)하나니 우리와 동행하자 그리하면 선대(善待)하리라
여호와께서 이스라엘에게 복을 내리리라 하셨느니라

³⁰호밥이 그에게 이르되 나는 가지 아니하고
내 고향 내 친족에게로 가리라

³¹모세가 이르되 청하건대 우리를 떠나지 마소서
당신은 우리가 광야에서 어떻게 진 칠지를 아나니
우리의 눈이 되리이다

³²우리와 동행하면 여호와께서 우리에게 복을 내리시는 대로
우리도 당신에게 행하리이다

³³그들이 여호와의 산에서 떠나 삼 일 길을 갈 때에 여호와의
언약궤가 그 삼 일 길에 앞서 가며 그들의 쉴 곳을 찾았고

³⁴그들이 진영을 떠날 때에 낮에는 여호와의 구름이
그 위에 덮였었더라

³⁵궤가 떠날 때에는 모세가 말하되 여호와여 일어나사
주의 대적들을 흩으시고 주를 미워하는 자가
주 앞에서 도망하게 하소서 하였고

³⁶궤가 쉴 때에는 말하되
여호와여 이스라엘 종족들에게로 돌아오소서 하였더라

다베라

11 ¹ 여호와께서 들으시기에 백성이 악한 말로 원망하매
여호와께서 들으시고 진노하사 여호와의 불을

그들 중에 붙여서 진영 끝을 사르게 하시매

² 백성이 모세에게 부르짖으므로
모세가 여호와께 기도하니 불이 꺼졌더라

³ 그 곳 이름을 다베라라 불렀으니 이는
여호와의 불이 그들 중에 붙은 까닭이었더라

모세가 장로 칠십 인을 뽑다

⁴ 그들 중에 섞여 사는 다른 인종들이 탐욕(貪慾)을 품으매
이스라엘 자손도 다시 울며 이르되
누가 우리에게 고기를 주어 먹게 하랴

⁵ 우리가 애굽에 있을 때에는 값없이 생선과 오이와 참외와

민수기
11:6-11

부추와 파와 마늘들을 먹은 것이 생각나거늘

6 이제는 우리의 기력(氣力)이 다하여 이 만나 외에는
보이는 것이 아무 것도 없도다 하니

7 만나는 깟씨와 같고 모양은 진주와 같은 것이라

8 백성이 두루 다니며 그것을 거두어 맷돌에 갈기도 하며
절구에 찧기도 하고 가마에 삶기도 하여 과자를 만들었으니
그 맛이 기름 섞은 과자 맛 같았더라

9 밤에 이슬이 진영에 내릴 때에 만나도 함께 내렸더라

10 백성의 온 종족들이 각기 자기 장막 문에서
우는 것을 모세가 들으니라 이러므로 여호와의 진노가
심히 크고 모세도 기뻐하지 아니하여

11 모세가 여호와께 여짜오되 어찌하여 주께서 종을 괴롭게

하시나이까 어찌하여 내게 주의 목전에서 은혜를 입게
아니하시고 이 모든 백성을 내게 맡기사
내가 그 짐을 지게 하시나이까

¹²이 모든 백성을 내가 배었나이까 내가 그들을 낳았나이까
어찌 주께서 내게 양육하는 아버지가 젖 먹는 아이를 품듯

그들을 품에 품고 주께서 그들의 열조에게 맹세하신
땅으로 가라 하시나이까

¹³이 모든 백성에게 줄 고기를 내가 어디서 얻으리이까
그들이 나를 향하여 울며 이르되 우리에게
고기를 주어 먹게 하라 하온즉

¹⁴책임이 심히 중하여 나 혼자는 이 모든 백성을
감당할 수 없나이다

¹⁵주께서 내게 이같이 행하실진대 구하옵나니
내게 은혜(恩惠)를 베푸사 즉시 나를 죽여

내가 고난(苦難) 당함을 내가 보지 않게 하옵소서

¹⁶여호와께서 모세에게 이르시되 이스라엘 노인 중에
네가 알기로 백성의 장로와 지도자가 될 만한 자

칠십 명을 모아 내게 데리고 와 회막에 이르러
거기서 너와 함께 서게 하라

¹⁷내가 강림(降臨)하여 거기서 너와 말하고 네게 임한
영을 그들에게도 임하게 하리니 그들이 너와 함께
백성의 짐을 담당하고 너 혼자 담당하지 아니하리라

¹⁸또 백성에게 이르기를 너희의 몸을 거룩히 하여
내일 고기 먹기를 기다리라 너희가 울며 이르기를

누가 우리에게 고기를 주어 먹게 하랴 애굽에 있을 때가
우리에게 좋았다 하는 말이 여호와께 들렸으므로
여호와께서 너희에게 고기를 주어 먹게 하실 것이라

¹⁹하루나 이틀이나 닷새나 열흘이나 스무 날만 먹을 뿐 아니라

²⁰냄새도 싫어하기까지 한 달 동안 먹게 하시리니 이는 너희가
너희 중에 계시는 여호와를 멸시하고 그 앞에서 울며
이르기를 우리가 어찌하여 애굽에서 나왔던가 함이라 하라

²¹모세가 이르되 나와 함께 있는 이 백성의 보행자가
육십만 명이온데 주의 말씀이 한 달 동안 고기를 주어
먹게 하겠다 하시오니

²²그들을 위하여 양 떼와 소 떼를 잡은들 족하오며
바다의 모든 고기를 모은들 족하오리이까

²³여호와께서 모세에게 이르시되 여호와의 손이 짧으냐
네가 이제 내 말이 네게 응하는 여부를 보리라

²⁴모세가 나가서 여호와의 말씀을 백성에게 알리고
백성의 장로 칠십 인을 모아 장막에 둘러 세우매

²⁵여호와께서 구름 가운데 강림하사 모세에게 말씀하시고
그에게 임한 영을 칠십 장로에게도 임하게 하시니 영이
임하신 때에 그들이 예언을 하다가 다시는 하지 아니하였더라

²⁶그 기명된 자 중 엘닷이라 하는 자와 메닷이라 하는 자
두 사람이 진영에 머물고 장막에 나아가지 아니하였으나
그들에게도 영이 임하였으므로 진영에서 예언한지라

²⁷한 소년이 달려와서 모세에게 전하여 이르되
엘닷과 메닷이 진중에서 예언하나이다 하매

28 택한 자 중 한 사람 곧 모세를 섬기는 눈의 아들
여호수아가 말하여 이르되 내 주 모세여 그들을 말리소서

29 모세가 그에게 이르되 네가 나를 두고 시기하느냐
여호와께서 그의 영을 그의 모든 백성에게 주사
다 선지자가 되게 하시기를 원하노라

30 모세와 이스라엘 장로들이 진중으로 돌아왔더라

여호와께서 메추라기를 보내시다

31 바람이 여호와에게서 나와 바다에서부터 메추라기를 몰아
진영 곁 이쪽 저쪽 곧 진영 사방으로 각기 하룻길 되는
지면 위 두 규빗쯤에 내리게 한지라

32 백성이 일어나 그 날 종일(終日) 종야(終夜)와 그 이튿날
종일토록 메추라기를 모으니 적게 모은 자도 열 호멜이라

그들이 자기들을 위하여 진영 사면에 펴 두었더라

³³ 고기가 아직 이 사이에 있어 씹히기 전에 여호와께서
백성에게 대하여 진노하사 심히 큰 재앙으로 치셨으므로

³⁴ 그 곳 이름을 기브롯 핫다아와라 불렀으니
욕심을 낸 백성을 거기 장사함이었더라

³⁵ 백성이 기브롯 핫다아와에서 행진하여
하세롯에 이르러 거기 거하니라

미리암이 벌을 받다

12 ¹ 모세가 구스 여자를 취하였더니 그 구스 여자를
취하였으므로 미리암과 아론이 모세를 비방(誹謗)하니라

² 그들이 이르되 여호와께서 모세와만 말씀하셨느냐 우리와도
말씀하지 아니하셨느냐 하매 여호와께서 이 말을 들으셨더라

3 이 사람 모세는 온유함이 지면의 모든 사람보다 더하더라

4 여호와께서 갑자기 모세와 아론과 미리암에게 이르시되 너희
세 사람은 회막으로 나아오라 하시니 그 세 사람이 나아가매

5 여호와께서 구름 기둥 가운데로부터 강림하사 장막 문에
서시고 아론과 미리암을 부르시는지라 그 두 사람이 나아가매

6 이르시되 내 말을 들으라 너희 중에 선지자가 있으면
나 여호와가 환상으로 나를 그에게 알리기도 하고
꿈으로 그와 말하기도 하거니와

7 내 종 모세와는 그렇지 아니하니 그는
내 온 집에 충성함이라

8 그와는 내가 대면하여 명백히 말하고 은밀한 말로 하지
아니하며 그는 또 여호와의 형상을 보거늘 너희가 어찌하여

내 종 모세 비방하기를 두려워하지 아니하느냐

9 여호와께서 그들을 향하여 진노하시고 떠나시매

10 구름이 장막 위에서 떠나갔고 미리암은 나병에 걸려
눈과 같더라 아론이 미리암을 본즉 나병에 걸렸는지라

11 아론이 이에 모세에게 이르되 슬프도다 내 주여
우리가 어리석은 일을 하여 죄를 지었으나 청하건대
그 벌을 우리에게 돌리지 마소서

12 그가 살이 반이나 썩어 모태로부터 죽어서
나온 자 같이 되지 않게 하소서

13 모세가 여호와께 부르짖어 이르되 하나님이여
원하건대 그를 고쳐 주옵소서

14 여호와께서 모세에게 이르시되 그의 아버지가 그의 얼굴에

침을 뱉었을지라도 그가 이레 동안 부끄러워하지 않겠느냐
그런즉 그를 진영 밖에 이레 동안 가두고
그 후에 들어오게 할지니라 하시니

¹⁵이에 미리암이 진영 밖에 이레 동안 갇혀 있었고 백성은
그를 다시 들어오게 하기까지 행진하지 아니하다가

¹⁶그 후에 백성이 하세롯을 떠나 바란 광야에 진을 치니라

가나안 땅 정탐

13 ¹ 여호와께서 모세에게 말씀하여 이르시되

² 사람을 보내어 내가 이스라엘 자손에게 주는 가나안 땅을
정탐하게 하되 그들의 조상의 가문 각 지파 중에서
지휘관 된 자 한 사람씩 보내라

³ 모세가 여호와의 명령을 따라 바란 광야에서 그들을 보냈으니

그들은 다 이스라엘 자손의 수령(守令) 된 사람이라

4 그들의 이름은 이러하니라
르우벤 지파에서는 삭굴의 아들 삼무아요

5 시므온 지파에서는 호리의 아들 사밧이요

6 유다 지파에서는 여분네의 아들 갈렙이요

7 잇사갈 지파에서는 요셉의 아들 이갈이요

8 에브라임 지파에서는 눈의 아들 호세아요

9 베냐민 지파에서는 라부의 아들 밧디요

10 스불론 지파에서는 소디의 아들 갓디엘이요

11 요셉 지파 곧 므낫세 지파에서는 수시의 아들 갓디요

12 단 지파에서는 그말리의 아들 암미엘이요

13 아셀 지파에서는 미가엘의 아들 스둘이요

¹⁴납달리 지파에서는 웝시의 아들 나비요

¹⁵갓 지파에서는 마기의 아들 그우엘이니

¹⁶이는 모세가 땅을 정탐하러 보낸 자들의 이름이라
모세가 눈의 아들 호세아를 여호수아라 불렀더라

¹⁷모세가 가나안 땅을 정탐하러 그들을 보내며 이르되
너희는 네겝 길로 행하여 산지로 올라가서

¹⁸그 땅이 어떠한지 정탐(偵探)하라
곧 그 땅 거민이 강한지 약한지 많은지 적은지와

¹⁹그들이 사는 땅이 좋은지 나쁜지와
사는 성읍이 진영인지 산성인지와

²⁰토지가 비옥한지 메마른지 나무가 있는지 없는지를
탐지하라 담대하라 또 그 땅의 실과를 가져오라 하니

그 때는 포도가 처음 익을 즈음이었더라

²¹이에 그들이 올라가서 땅을 정탐하되 신 광야에서부터
하맛 어귀 르홉에 이르렀고

²²또 네겝으로 올라가서 헤브론에 이르렀으니 헤브론은
애굽 소안보다 칠 년 전에 세운 곳이라 그 곳에
아낙 자손 아히만과 세새와 달매가 있었더라

²³또 에스골 골짜기에 이르러 거기서 포도송이가 달린
가지를 베어 둘이 막대기에 꿰어 메고
또 석류(石榴)와 무화과를 따니라

²⁴이스라엘 자손이 거기서 포도를 베었으므로 그 곳을
에스골 골짜기라 불렀더라

²⁵사십 일 동안 땅을 정탐하기를 마치고 돌아와

²⁶바란 광야 가데스에 이르러 모세와 아론과
이스라엘 자손의 온 회중에게 나아와 그들에게 보고하고
그 땅의 과일을 보이고

²⁷모세에게 말하여 이르되 당신이 우리를 보낸 땅에 간즉 과연
그 땅에 젖과 꿀이 흐르는데 이것은 그 땅의 과일이니이다

²⁸그러나 그 땅 거주민은 강하고 성읍은 견고하고 심히
클 뿐 아니라 거기서 아낙 자손을 보았으며

²⁹아말렉인은 남방 땅에 거주하고 헷인과 여부스인과 아모리인은
산지에 거주하고 가나안인은 해변과 요단 가에 거주하더이다

³⁰갈렙이 모세 앞에서 백성을 조용하게 하고 이르되 우리가
곧 올라가서 그 땅을 취하자 능히 이기리라 하나

³¹그와 함께 올라갔던 사람들은 이르되 우리는 능히 올라가서

그 백성을 치지 못하리라 그들은 우리보다 강하니라 하고

³²이스라엘 자손 앞에서 그 정탐한 땅을 악평하여 이르되
우리가 두루 다니며 정탐한 땅은 그 거주민을 삼키는 땅이요

거기서 본 모든 백성은 신장이 장대한 자들이며

³³거기서 네피림 후손인 아낙 자손의 거인들을 보았나니
우리는 스스로 보기에도 메뚜기 같으니 그들이 보기에도
그와 같았을 것이니라

백성의 원망

14 ¹온 회중이 소리를 높여 부르짖으며
백성이 밤새도록 통곡하였더라

²이스라엘 자손이 다 모세와 아론을 원망하며
온 회중이 그들에게 이르되 우리가 애굽 땅에서 죽었거나

이 광야에서 죽었으면 좋았을 것을

3 어찌하여 여호와가 우리를 그 땅으로 인도하여 칼에
쓰러지게 하려 하는가 우리 처자가 사로잡히리니
애굽으로 돌아가는 것이 낫지 아니하랴

4 이에 서로 말하되 우리가 한 지휘관을 세우고
애굽으로 돌아가자 하매

5 모세와 아론이 이스라엘 자손의 온 회중 앞에서 엎드린지라

6 그 땅을 정탐한 자 중 눈의 아들 여호수아와
여분네의 아들 갈렙이 자기들의 옷을 찢고

7 이스라엘 자손의 온 회중에게 말하여 이르되
우리가 두루 다니며 정탐한 땅은 심히 아름다운 땅이라

8 여호와께서 우리를 기뻐하시면 우리를 그 땅으로

인도하여 들이시고 그 땅을 우리에게 주시리라
이는 과연 젖과 꿀이 흐르는 땅이니라

9 다만 여호와를 거역하지는 말라 또 그 땅 백성을
두려워하지 말라 그들은 우리의 먹이라 그들의 보호자는

그들에게서 떠났고 여호와는 우리와 함께 하시느니라
그들을 두려워하지 말라 하나

10 온 회중이 그들을 돌로 치려 하는데 그 때에 여호와의
영광이 회막에서 이스라엘 모든 자손에게 나타나시니라

모세가 백성을 두고 기도하다

11 여호와께서 모세에게 이르시되 이 백성이 어느 때까지
나를 멸시하겠느냐 내가 그들 중에 많은 이적을 행하였으나
어느 때까지 나를 믿지 않겠느냐

¹²내가 전염병으로 그들을 쳐서 멸하고 네게 그들보다
크고 강한 나라를 이루게 하리라

¹³모세가 여호와께 여짜오되 애굽인 중에서 주의 능력으로
이 백성을 인도하여 내셨거늘 그리하시면 그들이 듣고

¹⁴이 땅 거주민에게 전하리이다 주 여호와께서 이 백성 중에
계심을 그들도 들었으니 곧 주 여호와께서 대면하여
보이시며 주의 구름이 그들 위에 섰으며 주께서

낮에는 구름 기둥 가운데에서, 밤에는 불 기둥 가운데에서
그들 앞에 행하시는 것이니이다

¹⁵이제 주께서 이 백성을 하나 같이 죽이시면
주의 명성을 들은 여러 나라가 말하여 이르기를

¹⁶여호와가 이 백성에게 주기로 맹세한 땅에 인도할 능력이

없었으므로 광야에서 죽였다 하리이다

¹⁷이제 구하옵나니 이미 말씀하신 대로 주의 큰 권능을
나타내옵소서 이르시기를

¹⁸여호와는 노(怒)하기를 더디하시고 인자가 많아
죄악과 허물을 사하시나 형벌 받을 자는

결단코 사하지 아니하시고 아버지의 죄악을 자식에게 갚아
삼사대까지 이르게 하리라 하셨나이다

¹⁹구하옵나니 주의 인자의 광대하심을 따라
이 백성의 죄악을 사하시되 애굽에서부터 지금까지
이 백성을 사하신 것 같이 사하시옵소서

²⁰여호와께서 이르시되 내가 네 말대로 사하노라

²¹그러나 진실로 내가 살아 있는 것과 여호와의 영광이

온 세계에 충만할 것을 두고 맹세하노니

²²내 영광과 애굽과 광야에서 행한 내 이적을 보고서도
이같이 열 번이나 나를 시험하고 내 목소리를
청종하지 아니한 그 사람들은

²³내가 그들의 조상들에게 맹세한 땅을
결단코 보지 못할 것이요 또 나를 멸시하는 사람은
한 사람도 그것을 보지 못하리라

²⁴그러나 내 종 갈렙은 그 마음이 그들과 달라서 나를
온전히 따랐은즉 그가 갔던 땅으로 내가 그를 인도하여
들이리니 그의 자손이 그 땅을 차지하리라

²⁵아말렉인과 가나안인이 골짜기에 거주하나니 너희는
내일 돌이켜 홍해(紅海) 길을 따라 광야로 들어갈지니라

여호와께서 원망하는 백성을 벌하시다

²⁶여호와께서 모세와 아론에게 말씀하여 이르시되

²⁷나를 원망하는 이 악한 회중에게 내가 어느 때까지 참으랴
이스라엘 자손이 나를 향하여 원망하는 바
그 원망하는 말을 내가 들었노라

²⁸그들에게 이르기를 여호와의 말씀에 내 삶을 두고 맹세하노라
너희 말이 내 귀에 들린 대로 내가 너희에게 행하리니

²⁹너희 시체가 이 광야에 엎드러질 것이라 너희 중에서
이십 세 이상으로서 계수된 자 곧 나를 원망한 자 전부가

³⁰여분네의 아들 갈렙과 눈의 아들 여호수아 외에는
내가 맹세하여 너희에게 살게 하리라 한 땅에
결단코 들어가지 못하리라

³¹너희가 사로잡히겠다고 말하던 너희의 유아(幼兒)들은 내가
인도하여 들이리니 그들은 너희가 싫어하던 땅을 보려니와

³²너희의 시체는 이 광야에 엎드러질 것이요

³³너희의 자녀들은 너희 반역한 죄를 지고
너희의 시체가 광야에서 소멸되기까지 사십 년을
광야에서 방황하는 자가 되리라

³⁴너희는 그 땅을 정탐한 날 수인 사십 일의 하루를
일 년으로 쳐서 그 사십 년간 너희의 죄악을 담당할지니

너희는 그제서야 내가 싫어하면 어떻게 되는지를
알리라 하셨다 하라

³⁵나 여호와가 말하였거니와 모여 나를 거역하는 이 악한
온 회중에게 내가 반드시 이같이 행하리니 그들이

이 광야에서 소멸(消滅)되어 거기서 죽으리라

³⁶모세의 보냄을 받고 땅을 정탐하고 돌아와서 그 땅을
악평하여 온 회중이 모세를 원망하게 한 사람

³⁷곧 그 땅에 대하여 악평한 자들은
여호와 앞에서 재앙으로 죽었고

³⁸그 땅을 정탐하러 갔던 사람들 중에서 오직 눈의 아들
여호수아와 여분네의 아들 갈렙은 생존하니라

첫번째 점령 시도

³⁹모세가 이 말로 이스라엘 모든 자손에게 알리매
백성이 크게 슬퍼하여

⁴⁰아침에 일찍이 일어나 산 꼭대기로 올라가며 이르되 보소서
우리가 여기 있나이다 우리가 여호와께서 허락하신 곳으로

올라가리니 우리가 범죄하였음이니이다

41 모세가 이르되 너희가 어찌하여 이제 여호와의 명령을
범하느냐 이 일이 형통하지 못하리라

42 여호와께서 너희 중에 계시지 아니하니 올라가지 말라
너희의 대적 앞에서 패할까 하노라

43 아말렉인과 가나안인이 너희 앞에 있으니
너희가 그 칼에 망하리라 너희가 여호와를 배반하였으니
여호와께서 너희와 함께 하지 아니하시리라 하나

44 그들이 그래도 산 꼭대기로 올라갔고 여호와의 언약궤와
모세는 진영을 떠나지 아니하였더라

45 아말렉인과 산간지대(山間地帶)에 거주하는 가나안인이
내려와 그들을 무찌르고 호르마까지 이르렀더라

여호와께 드리는 제물

15 ¹ 여호와께서 모세에게 말씀하여 이르시되

² 이스라엘 자손에게 말하여 그들에게 이르라
너희는 내가 주어 살게 할 땅에 들어가서

³ 여호와께 화제나 번제나 서원을 갚는 제사나 낙헌제나
정한 절기제에 소나 양을 여호와께 향기롭게 드릴 때에

⁴ 그러한 헌물을 드리는 자는 고운 가루 십분의 일에 기름
사분의 일 힌을 섞어 여호와께 소제로 드릴 것이며

⁵ 번제나 다른 제사로 드리는 제물이 어린 양이면 전제로
포도주 사분의 일 힌을 준비할 것이요

⁶ 숫양이면 소제로 고운 가루 십분의 이에
기름 삼분의 일 힌을 섞어 준비하고

7 전제로 포도주 삼분의 일 힌을 드려
여호와 앞에 향기롭게 할 것이요

8 번제로나 서원을 갚는 제사로나 화목제로 수송아지를
예비하여 여호와께 드릴 때에는

9 소제로 고운 가루 십분의 삼 에바에 기름 반 힌을 섞어
그 수송아지와 함께 드리고

10 전제로 포도주 반 힌을 드려 여호와 앞에
향기로운 화제를 삼을지니라

11 수송아지나 숫양이나 어린 숫양이나 어린 염소에는
그 마리 수마다 위와 같이 행하되

12 너희가 준비하는 수효를 따라 각기 수효에 맞게 하라

13 누구든지 본토(本土) 소생이 여호와께

향기로운 화제를 드릴 때에는 이 법대로 할 것이요

¹⁴너희 중에 거류하는 타국인이나 너희 중에 대대로 있는
자나 누구든지 여호와께 향기로운 화제를 드릴 때에는
너희가 하는 대로 그도 그리할 것이라

¹⁵회중 곧 너희에게나 거류하는 타국인에게나 같은 율례이니
너희의 대대로 영원한 율례라 너희가 어떠한 대로
타국인도 여호와 앞에 그러하리라

¹⁶너희에게나 너희 중에 거류하는 타국인에게나
같은 법도, 같은 규례이니라

¹⁷여호와께서 모세에게 말씀하여 이르시되

¹⁸이스라엘 자손에게 말하여 이르라
너희는 내가 인도하는 땅에 들어가거든

¹⁹그 땅의 양식을 먹을 때에 여호와께 거제를 드리되

²⁰너희의 처음 익은 곡식 가루 떡을 거제로
타작 마당의 거제 같이 들어 드리라

²¹너희의 처음 익은 곡식 가루 떡을 대대에
여호와께 거제로 드릴지니라

²²너희가 그릇 범죄하여 여호와가 모세에게 말씀하신
이 모든 명령을 지키지 못하되

²³곧 여호와께서 모세를 통하여 너희에게 명령한 모든 것을
여호와께서 명령한 날 이후부터 너희 대대에 지키지 못하여

²⁴회중이 부지중에 범죄하였거든 온 회중은 수송아지 한 마리를
여호와께 향기로운 화제로 드리고 규례대로 소제와 전제를
드리고 숫염소 한 마리를 속죄제로 드릴 것이라

²⁵제사장이 이스라엘 자손의 온 회중을 위하여 속죄하면
그들이 사함을 받으리니 이는 그가 부지중에 범죄함이며

또 부지중에 범죄함으로 말미암아 헌물 곧 화제와 속죄제를
여호와께 드렸음이라

²⁶이스라엘 자손의 온 회중과 그들 중에 거류하는 타국인도
사함을 받을 것은 온 백성이 부지중에 범죄하였음이니라

²⁷만일 한 사람이 부지중에 범죄하면 일 년 된 암염소로
속죄제를 드릴 것이요

²⁸제사장은 그 부지중에 범죄한 사람이 부지중에
여호와 앞에 범한 죄를 위하여 속죄하여 그 죄를 속할지니
그리하면 사함을 얻으리라

²⁹이스라엘 자손 중 본토 소생이든지 그들 중에

거류하는 타국인이든지 누구든 부지중에
범죄한 자에 대한 법이 동일하거니와

30 본토인이든지 타국인이든지 고의로 무엇을 범하면 누구나
여호와를 비방하는 자니 그의 백성 중에서 끊어질 것이라

31 그런 사람은 여호와의 말씀을 멸시하고 그의 명령을 파괴
하였은즉 그의 죄악이 자기에게로 돌아가서 온전히 끊어지리라

안식일에 일을 한 사람

32 이스라엘 자손이 광야에 거류할 때에 안식일에
어떤 사람이 나무하는 것을 발견한지라

33 그 나무하는 자를 발견한 자들이 그를 모세와 아론과
온 회중 앞으로 끌어왔으나

34 어떻게 처치할는지 지시하심을 받지 못한 고로 가두었더니

³⁵여호와께서 모세에게 이르시되 그 사람을 반드시 죽일지니 온 회중이 진영 밖에서 돌로 그를 칠지니라

³⁶온 회중(會中)이 곧 그를 진영 밖으로 끌어내고 돌로 그를 쳐죽여서 여호와께서 모세에게 명령하신 대로 하니라

옷단 귀에 다는 술

³⁷여호와께서 모세에게 말씀하여 이르시되

³⁸이스라엘 자손에게 명령하여 대대로 그들의 옷단 귀에 술을 만들고 청색 끈을 그 귀의 술에 더하라

³⁹이 술은 너희가 보고 여호와의 모든 계명을 기억하여 준행하고 너희를 방종하게 하는 자신의 마음과 눈의 욕심을 따라 음행하지 않게 하기 위함이라

⁴⁰그리하여 너희가 내 모든 계명을 기억하고 행하면

너희의 하나님 앞에 거룩하리라

41 나는 여호와 너희 하나님이라 나는 너희의 하나님이 되려고
너희를 애굽 땅에서 인도해 내었느니라
나는 여호와 너희의 하나님이니라

고라와 다단과 아비람의 반역

16 1 레위의 증손(曾孫) 고핫의 손자 이스할의 아들
고라와 르우벤 자손 엘리압의 아들 다단과
아비람과 벨렛의 아들 온이 당을 짓고

2 이스리엘 자손 총회에서 택함을 받은 자
곧 회중 가운데에서 이름 있는 지휘관 이백오십 명과 함께
일어나서 모세를 거스르니라

3 그들이 모여서 모세와 아론을 거슬러 그들에게 이르되

너희가 분수(分數)에 지나도다 회중이 다 각각 거룩하고
여호와께서도 그들 중에 계시거늘 너희가 어찌하여
여호와의 총회 위에 스스로 높이느냐

4 모세가 듣고 엎드렸다가

5 고라와 그의 모든 무리에게 말하여 이르되 아침에
여호와께서 자기에게 속한 자가 누구인지,
거룩한 자가 누구인지 보이시고 그 사람을 자기에게

가까이 나아오게 하시되 곧 그가 택하신 자를 자기에게
가까이 나아오게 하시리니

6 이렇게 하라 너 고라와 네 모든 무리는 향로를 가져다가

7 내일 여호와 앞에서 그 향로에 불을 담고 그 위에 향을
두라 그 때에 여호와께서 택하신 자는 거룩하게 되리라

레위 자손들아 너희가 너무 분수에 지나치느니라

8 모세가 또 고라에게 이르되 너희 레위 자손들아 들으라

9 이스라엘의 하나님이 이스라엘 회중에서 너희를 구별하여
자기에게 가까이 하게 하사 여호와의 성막에서

봉사하게 하시며 회중 앞에 서서 그들을 대신하여
섬기게 하심이 너희에게 작은 일이겠느냐

10 하나님이 너와 네 모든 형제 레위 자손으로
너와 함께 가까이 오게 하셨거늘 너희가 오히려
제사장의 직분을 구하느냐

11 이를 위하여 너와 너의 무리가 다 모여서 여호와를 거스르
는도다 아론이 어떠한 사람이기에 너희가 그를 원망하느냐

12 모세가 엘리압의 아들 다단과 아비람을 부르러 사람을

보냈더니 그들이 이르되 우리는 올라가지 않겠노라

¹³네가 우리를 젖과 꿀이 흐르는 땅에서 이끌어 내어
광야에서 죽이려 함이 어찌 작은 일이기에 오히려 스스로
우리 위에 왕이 되려 하느냐

¹⁴이뿐 아니라 네가 우리를 젖과 꿀이 흐르는 땅으로
인도하여 들이지도 아니하고 밭도 포도원도 우리에게

기업으로 주지 아니하니 네가 이 사람들의 눈을 빼려느냐
우리는 올라가지 아니하겠노라

¹⁵모세가 심히 노하여 여호와께 여짜오되 주는 그들의
헌물을 돌아보지 마옵소서 나는 그들의 나귀 한 마리도

빼앗지 아니하였고 그들 중의 한 사람도
해하지 아니하였나이다 하고

16이에 모세가 고라에게 이르되 너와 너의 온 무리는
아론과 함께 내일 여호와 앞으로 나아오되

17너희는 제각기 향로를 들고 그 위에 향을 얹고 각 사람이
그 향로를 여호와 앞으로 가져오라 향로는 모두
이백오십 개라 너와 아론도 각각 향로를 가지고 올지니라

18그들이 제각기 향로를 가져다가 불을 담고 향을
그 위에 얹고 모세와 아론과 더불어 회막 문에 서니라

19고라가 온 회중을 회막 문에 모아 놓고 그 두 사람을
대적하려 하매 여호와의 영광이 온 회중에게 나타나시니라

20여호와께서 모세와 아론에게 말씀하여 이르시되

21너희는 이 회중에게서 떠나라 내가 순식간에
그들을 멸하려 하노라

²²그 두 사람이 엎드려 이르되 하나님이여
모든 육체의 생명의 하나님이여 한 사람이 범죄하였거늘
온 회중에게 진노하시나이까

²³여호와께서 모세에게 말씀하여 이르시되

²⁴회중에게 명령하여 이르기를 너희는 고라와 다단과 아비람의
장막 사방에서 떠나라 하라

²⁵모세가 일어나 다단과 아비람에게로 가니
이스라엘 장로(長老)들이 따랐더라

²⁶모세가 회중에게 말하여 이르되 이 악인들의 장막에서
떠나고 그들의 물건은 아무 것도 만지지 말라 그들의
모든 죄중에서 너희도 멸망할까 두려워하노라 하매

²⁷무리가 고라와 다단과 아비람의 장막 사방을 떠나고

다단과 아비람은 그들의 처자와 유아들과 함께 나와서
자기 장막 문에 선지라

28 모세가 이르되 여호와께서 나를 보내사 이 모든 일을
행하게 하신 것이요 나의 임의(任意)로 함이 아닌 줄을
이 일로 말미암아 알리라

29 곧 이 사람들의 죽음이 모든 사람과 같고 그들이
당하는 벌이 모든 사람이 당하는 벌과 같으면
여호와께서 나를 보내심이 아니거니와

30 만일 여호와께서 새 일을 행하사 땅이 입을 열어
이 사람들과 그들의 모든 소유물을 삼켜 산 채로

스올에 빠지게 하시면 이 사람들이 과연
여호와를 멸시한 것인 줄을 너희가 알리라

³¹그가 이 모든 말을 마치자마자 그들이 섰던
땅바닥이 갈라지니라

³²땅이 그 입을 열어 그들과 그들의 집과 고라에게 속한
모든 사람과 그들의 재물을 삼키매

³³그들과 그의 모든 재물이 산 채로 스올에 빠지며
땅이 그 위에 덮이니 그들이 회중 가운데서 망하니라

³⁴그 주위에 있는 온 이스라엘이 그들의 부르짖음을 듣고
도망하며 이르되 땅이 우리도 삼킬까 두렵다 하였고

³⁵여호와께로부터 불이 나와서 분향(焚香)하는
이백오십 명을 불살랐더라

향로

³⁶여호와께서 모세에게 말씀하여 이르시되

³⁷너는 제사장 아론의 아들 엘르아살에게 명령하여 붙는 불
가운데에서 향로를 가져다가 그 불을 다른 곳에 쏟으라
그 향로는 거룩함이니라

³⁸사람들은 범죄하여 그들의 생명을 스스로 해하였거니와
그들이 향로를 여호와 앞에 드렸으므로 그 향로가 거룩하게

되었나니 그 향로를 쳐서 제단을 싸는 철판(鐵板)을 만들라
이스라엘 자손에게 표가 되리라 하신지라

³⁹제사장 엘르아살이 불탄 자들이 드렸던 놋 향로를
가져다가 쳐서 제단을 싸서

⁴⁰이스라엘 자손의 기념물이 되게 하였으니
이는 아론 자손이 아닌 다른 사람은 여호와 앞에
분향하러 가까이 오지 못하게 함이며

또 고라와 그의 무리와 같이 되지 않게 하기 위함이라
여호와께서 모세를 시켜 그에게 명령하신 대로 하였더라

아론이 백성을 구하다

⁴¹이튿날 이스라엘 자손의 온 회중이 모세와 아론을 원망하여
이르되 너희가 여호와의 백성을 죽였도다 하고

⁴²회중이 모여 모세와 아론을 칠 때에 회막을 바라본즉
구름이 회막을 덮었고 여호와의 영광이 나타났더라

⁴³모세와 아론이 회막 앞에 이르매

⁴⁴여호와께서 모세에게 말씀하여 이르시되

⁴⁵너희는 이 회중에게서 떠나라 내가 순식간에 그들을
멸하려 하노라 하시매 그 두 사람이 엎드리니라

⁴⁶이에 모세가 아론에게 이르되 너는 향로를 가져다가

제단의 불을 그것에 담고 그 위에 향을 피워 가지고
급히 회중에게로 가서 그들을 위하여 속죄하라
여호와께서 진노하셨으므로 염병이 시작되었음이니라

⁴⁷아론이 모세의 명령을 따라 향로를 가지고
회중에게로 달려간즉 백성 중에 염병이 시작되었는지라
이에 백성을 위하여 속죄하고

⁴⁸죽은 자와 산 자 사이에 섰을 때에 염병이 그치니라

⁴⁹고라의 일로 죽은 자 외에 염병에 죽은 자가
만 사천칠백 명이었더라

⁵⁰염병이 그치매 아론이 회막 문 모세에게로 돌아오니라

아론의 지팡이

17
¹ 여호와께서 모세에게 말씀하여 이르시되

2 너는 이스라엘 자손에게 말하여 그들 중에서 각 조상의
가문을 따라 지팡이 하나씩을 취하되 곧 그들의 조상의

가문대로 그 모든 지휘관에게서 지팡이 열둘을 취하고
그 사람들의 이름을 각각 그 지팡이에 쓰되

3 레위의 지팡이에는 아론의 이름을 쓰라 이는 그들의 조상의
가문의 각 수령이 지팡이 하나씩 있어야 할 것임이니라

4 그 지팡이를 회막 안에서 내가 너희와 만나는 곳인
증거궤 앞에 두라

5 내가 택한 자의 지팡이에는 싹이 나리니 이것으로
이스라엘 자손이 너희에게 대하여 원망하는 말을
내 앞에서 그치게 하리라

6 모세가 이스라엘 자손에게 말하매 그들의 지휘관들이

각 지파대로 지팡이 하나씩을 그에게 주었으니 그 지팡이가
모두 열둘이라 그 중에 아론의 지팡이가 있었더라

7 모세가 그 지팡이들을 증거의 장막 안 여호와 앞에 두었더라

8 이튿날 모세가 증거의 장막에 들어가 본즉
레위 집을 위하여 낸 아론의 지팡이에 움이 돋고 순이 나고
꽃이 피어서 살구 열매가 열렸더라

9 모세가 그 지팡이 전부를 여호와 앞에서
이스라엘 모든 자손에게로 가져오매 그들이 보고
각각 자기 지팡이를 집어들었더라

10 여호와께서 또 모세에게 이르시되 아론의 지팡이는
증거궤 앞으로 도로 가져다가 거기 간직하여

반역한 자에 대한 표징이 되게 하여 그들로

내게 대한 원망을 그치고 죽지 않게 할지니라

11 모세가 곧 그 같이 하되 여호와께서 자기에게
명령하신 대로 하였더라

12 이스라엘 자손이 모세에게 말하여 이르되 보소서 우리는
죽게 되었나이다 망하게 되었나이다 다 망하게 되었나이다

13 가까이 나아가는 자 곧 여호와의 성막(聖幕)에 가까이
나아가는 자마다 다 죽사오니 우리가 다 망하여야 하리이까

제사장과 레위인의 직무

18 1 여호와께서 아론에게 이르시되 너와 네 아들들과
네 조상의 가문은 성소에 대한 죄를 함께

담당할 것이오 너와 네 아들들은 너희의 제사장 직분에
대한 죄를 함께 담당할 것이니라

2 너는 네 형제 레위 지파 곧 네 조상의 지파를 데려다가 너와 함께 있게 하여 너와 네 아들들이 증거의 장막 앞에 있을 때 그들이 너를 돕게 하라

3 레위인은 네 직무와 장막의 모든 직무를 지키려니와 성소의 기구와 제단에는 가까이 하지 못하리니 두렵건대 그들과 너희가 죽을까 하노라

4 레위인은 너와 합동하여 장막의 모든 일과 회막의 직무를 다할 것이요 다른 사람은 너희에게 가까이 하지 못할 것이니라

5 이와 같이 너희는 성소의 직무와 제단의 직무를 다하라 그리하면 여호와의 진노가 다시는 이스라엘 자손에게 미치지 아니하리라

6 보라 내가 이스라엘 자손 중에서 너희의 형제 레위인을

택하여 내게 돌리고 너희에게 선물로 주어
회막의 일을 하게 하였나니

7 너와 네 아들들은 제단과 휘장 안의 모든 일에 대하여
제사장의 직분을 지켜 섬기라

내가 제사장의 직분을 너희에게 선물로 주었은즉
거기 가까이 하는 외인은 죽임을 당할지니라

제사장의 몫

8 여호와께서 또 아론에게 이르시되 보라 내가 내 거제물
곧 이스라엘 자손이 거룩하게 한 모든 헌물을 네가

주관(主管)하게 하고 네가 기름 부음을 받았음으로 말미암아
그것을 너와 네 아들들에게 영구한 몫의 음식으로 주노라

9 지성물 중에 불사르지 아니한 것은 네 것이라 그들이

내게 드리는 모든 헌물의 모든 소제와 속죄제와 속건제물은
다 지극히 거룩한즉 너와 네 아들들에게 돌리리니

10 지극히 거룩하게 여김으로 먹으라 이는 네게 성물인즉
남자들이 다 먹을지니라

11 네게 돌릴 것은 이것이니 곧 이스라엘 자손이 드리는
거제물과 모든 요제물이라 내가 그것을 너와

네 자녀에게 영구한 몫의 음식으로 주었은즉
네 집의 정결한 자마다 먹을 것이니라

12 그들이 여호와께 드리는 첫 소산 곧 제일 좋은 기름과
제일 좋은 포도주와 곡식을 네게 주었은즉

13 그들이 여호와께 드리는 그 땅의 처음 익은 모든 열매는
네 것이니 네 집에서 정결한 자마다 먹을 것이라

¹⁴이스라엘 중에서 특별히 드린 모든 것은 네 것이 되리라

¹⁵여호와께 드리는 모든 생물의 처음 나는 것은 사람이나
짐승이나 다 네 것이로되 처음 태어난 사람은 반드시
대속할 것이요 처음 태어난 부정한 짐승도 대속할 것이며

¹⁶그 사람을 대속할 때에는 난 지 한 달 이후에 네가
정한 대로 성소의 세겔을 따라 은 다섯 세겔로 대속하라
한 세겔은 이십 게라이니라

¹⁷오직 처음 태어난 소나 처음 태어난 양이나
처음 태어난 염소는 대속하지 말지니 그것들은 거룩한즉

그 피는 제단에 뿌리고 그 기름은 불살라
여호와께 향기로운 화제로 드릴 것이며

¹⁸그 고기는 네게 돌릴지니 흔든 가슴과 오른쪽

넓적다리 같이 네게 돌릴 것이니라

19 이스라엘 자손이 여호와께 거제로 드리는 모든 성물은
내가 영구한 몫의 음식으로 너와 네 자녀에게 주노니 이는

여호와 앞에 너와 네 후손에게 영원한 소금 언약이니라

20 여호와께서 또 아론에게 이르시되 너는 이스라엘 자손의
땅에 기업도 없겠고 그들 중에 아무 분깃도 없을 것이나

내가 이스라엘 자손 중에 네 분깃이요 네 기업이니라

레위인의 몫

21 내가 이스라엘의 십일조를 레위 자손에게 기업으로 다
주어서 그들이 하는 일 곧 회막에서 하는 일을 갚나니

22 이 후로는 이스라엘 자손이 회막에 가까이 하지 말 것이라
죄값으로 죽을까 하노라

²³그러나 레위인은 회막에서 봉사하며 자기들의 죄를 담당할
것이요 이스라엘 자손 중에는 기업(基業)이 없을 것이니

이는 너희 대대에 영원한 율례라

²⁴이스라엘 자손이 여호와께 거제로 드리는 십일조를
레위인에게 기업으로 주었으므로

내가 그들에 대하여 말하기를 이스라엘 자손 중에
기업이 없을 것이라 하였노라

레위인의 십일조

²⁵여호와께서 모세에게 말씀하여 이르시되

²⁶너는 레위인에게 말하여 그에게 이르라
내가 이스라엘 자손에게 받아 너희에게 기업으로 준

십일조를 너희가 그들에게서 받을 때에

그 십일조의 십일조를 거제로 여호와께 드릴 것이라

²⁷내가 너희의 거제물을 타작 마당에서 드리는 곡물과
포도즙 틀에서 드리는 즙 같이 여기리니

²⁸너희는 이스라엘 자손에게서 받는 모든 것의
십일조 중에서 여호와께 거제로 드리고

여호와께 드린 그 거제물은 제사장 아론에게로 돌리되

²⁹너희가 받은 모든 헌물 중에서 너희는
그 아름다운 것 곧 거룩하게 한 부분을 가져다가
여호와께 거제로 드릴지니라

³⁰이러므로 너는 그들에게 이르라
너희가 그 중에서 아름다운 것을 가져다가 드리고

남은 것은 너희 레위인에게는 타작 마당의 소출(所出)과

포도즙 틀의 소출 같이 되리니

³¹너희와 너희의 권속이 어디서든지 이것을 먹을 수 있음은
이는 회막에서 일한 너희의 보수임이니라

³²너희가 그 중 아름다운 것을 받들어 드린즉
이로 말미암아 죄를 담당하지 아니할 것이라

너희는 이스라엘 자손의 성물을 더럽히지 말라
그리하여야 죽지 아니하리라

God bless you!

» Thinking space ...

개역개정 · 구약성경 쓰기

④ 민수기상

1판 1쇄 발행 2024년 5월 2일

펴낸곳 우슬북
엮은이 김영기, 양 선
디자인 최영주

출판등록 2019년 4월 1일(제568-2019-000006호)
주소 충남 당진시 송산면 유곡로 20
출판사 전화 010.5424.7706
이메일 hyssop2000@daum.net
총판 하늘유통(031.947.7777)

값 10,000원
ISBN 979-11-93751-08-4 04230
      979-11-93751-07-7(세트)